本教材受中国政法大学教务处"法哲学与法理论口袋书系列"项目（1011／0111006402）及中国政法大学法学院双一流学科建设资金资助，特此鸣谢！

"法哲学与法理论口袋书系列"教材

雷磊 ‖ 主编

20世纪后半叶的法律与社会科学

[英]朱利叶斯·斯通 / 著
(Julius Stone)

———— 赵一单 ◎ 译 ————

LAW AND THE SOCIAL SCIENCES
IN THE SECOND HALF CENTURY

中国政法大学出版社
2024·北京

20 世纪后半叶的法律与社会科学

Law and the Social Sciences: The Second Half Century

by Julius Stone

Copyright© 1966 by the University of Minnesota

Licensed by the University of Minnesota Press, Minneapolis, Minnesota, U.S.A.

版权登记号：图字 01-2023-5163 号

总　序

"法理学"(Jurisprudenz, jurisprudence)之名总是会令初学者望而生畏。因为无论是作为法的一般哲学理论的"法哲学"(Rechtsphilosophie, legal philosophy),抑或是作为法的一般法学理论的"法理论"(Rechtstheorie, legal theory),虽从地位上看属于法学的基础学科分支,但却往往需要有相当之具体专业知识的积累。在西方法律院校,通常只在高年级开设法哲学和/或法理论课程,法理学家一般情况下也兼为某一部门法领域的专家。有关法的一般性理论研究的专著往往体系宏大、旁征博引，同时也文辞冗赘、晦涩艰深。这些论著大多以具备相关专业知识之法学专业人士为假定受众，非有经年之功无法得窥其门径与奥妙。

中国的法学教育模式与西方有所不同。由于历史和现实的原因，法理学被列为法学专业必修课程的第一门，在大学一年级第一学期开设。统编教材罗列法学基本概念和基本原理，只见概念不见问题、只见枯死的材料不见鲜活的意义，往往使得尚未接触任何部门法知识的新生望而却步，乃至望而生厌。尽管有的法律院校（比如中国政法大学）同时在三年级开设了相关课程，且内容以讲授西方前沿理论为主，却又使得许多学生"不明觉厉"、畏葸不前。除去授课的因素之外，其中很大的一个原因在于，虽然目前我国学术市场已有为数不少以法哲学和法理论为主题的专著和译著，其中也有不少属于开宗立派之作或某一传统中的扛鼎之作，但却缺乏适合本科生群体的微言大义式、通览或概述式的参考读物。

有鉴于此，"法哲学与法理论口袋书系列"教材以法学初学者（主要为法学本科生，也包括其他对法理学感兴趣者）为受众，以推广法哲学和法理论的基本问题意识、理论进路和学术脉络为目标，拟从当代西方法哲学与法理论论著中选取篇幅简短的系列小书,裨使法理学更好地担当起"启蒙"和"反思"的双重功能。它的目标,在于让学生更易接近法理学的"原貌",更能知悉法理学的"美好",更加明了法理学的"意义"。为了便于读者掌握各本小书的思路、内容与结构,我们在每本小书的前面都加上了由译者所撰的"导读"。

德国哲人雅斯贝尔斯(Jaspers)尝言,哲学并不是给予,它只能唤醒。这套小书的主旨也并不在于灌输抽象教条、传授定见真理,而是希望在前人既有思考的基础上唤醒读者自身的问题意识、促发进一步的反省和共思。

雷 磊

2019 年 3 月 20 日

目录
CONTENTS

总　序·001

《20世纪后半叶的法律与社会科学》导读/赵一单·001

第一章　法律与社会科学位居何处·012

　　Ⅰ·012

　　Ⅱ·020

　　Ⅲ·035

　　Ⅳ·040

　　Ⅴ·048

第二章　法律与社会科学边界中的计划与运动·058

　　Ⅰ·058

　　Ⅱ·064

　　Ⅲ·068

　　Ⅳ·075

V · *084*

VI · *096*

第三章　寻求正义中的人类与机器，或者为什么上诉法官仍然应当是人类· *102*

I · *103*

II · *113*

III · *141*

IV · *148*

V · *151*

VI · *157*

VII · *167*

VIII · *169*

索　引 · *173*

《20世纪后半叶的法律与社会科学》导读

赵一单

一

同哈特、德沃金等人相比，即便是对于中文法理学界来说，朱利叶斯·斯通（Julius Stone）可能也是一个稍显陌生的名字。根据译者的不完全检索，中国人民公安大学的薄振峰教授曾对斯通进行过专题研究。在中国人民大学吕世伦教授的指导下，薄振峰于2005年撰写了题为《朱利叶斯·斯通综合法思想研究》的博士学位论文。随后，他又发表了若干篇专题论文，[1]并于2013年出版了同主题的专著。[2]除

---

[1] 例如，薄振峰、马增民：《法律逻辑、选择的空间与司法创造性——朱利叶斯·斯通的法律逻辑思想》，载《上海政法学院学报》2006年第1期；薄振峰：《朱利叶斯·斯通的社会法学思想》，载《清华法学》2006年第3期；薄振峰：《法律、理性与人类正义——朱利叶斯·斯通的

此之外,有关斯通的中文研究就较为稀少了。

斯通于 1907 年 7 月 7 日出生在英国约克郡的利兹,其父母是来自立陶宛的犹太移民。斯通先后在牛津大学和利兹大学求学,并于 1931 年前往美国哈佛大学留学。斯通一开始申请的是哈佛大学的国际法专业,但是在时任哈佛大学法学院院长罗斯科·庞德(Roscoe Pound)的影响下,他对社会学法学(sociological jurisprudence)产生了浓厚的兴趣。自此之后,斯通的学术兴趣一直集中在这两个领域。

1932 年,斯通获得哈佛大学的法学博士(SJD)学位。在庞德的帮助下,斯通在哈佛大学获得了第一份教职。不过,在 1936 年庞德卸任法学院院长之后,继任的费利克斯·弗兰克福特(Felix Frankfurter)解聘了斯通。从 1936 年到 1938 年,斯通回到利兹大学短暂任教。1938 年,新西兰奥克兰大学法学院的院长职位空缺,斯通前往应聘,并于 1939 年举家前往奥克兰,出任法学院院长。1942 年,在经历了一番波折之后(部分地由于斯通的犹太人身份),斯通接任了澳大利亚悉尼大学法学院查理斯(Challis)教授的法理学与国际法教席,并在此一直执教到 1972

(接上页)实用主义正义观》,载《环球法律评论》2006 年第 2 期等。

〔2〕 薄振峰:《法律的综合维度——朱利叶斯·斯通法律哲学研究》,清华大学出版社 2013 年版。

二

如前所述,在中文学界的研究中,斯通主要被认为是"综合法学"的代表性学者。一般认为,综合法学试图超越自然法学、实证主义法学和社会学法学这三大主流学派各自所存在的局限性,通过以上各派观点的相互结合和相互补充,建立统一的法理学体系。20世纪的美国法学家杰罗姆·霍尔(Jerome Hall)通常被认为是综合法学的最早提出者,他先后撰写和出版了《综合法理学》(*Integrative Jurisprudence*)、《民主社会中的活法》(*Living Law of Democratic Society*)等论著,为综合法学的产生奠定了理论基础。不过,在20世纪80年代对综合法学的介绍性研究中,中文学界就已经意识到传统的三大主流学派形成既久、自成体系,彼此之间具有相对独立性和封闭性,事实上很难完全趋于统一。所谓的综合法学,其自身尚有待于建立逻辑严密、结构完备的体系,"多少带有一些理想的色彩"。[1]这或许也

---

[1] 参见舒国滢:《当代西方法学的综合趋向》,载《法学研究》1987年第5期,第85页。

能从一定程度上解释,为何中文学界有关斯通的研究既数量稀少,又没有形成延续的传统。

然而,仔细考察斯通的论著可以发现,"综合法学"的标签并不足以完整描述他的研究图景。[1]首先,国际法自始至终都是斯通的一个重要研究领域。早在1932年,斯通就在牛津大学出版社出版了《少数族裔权利的国际保障:国际联盟理事会程序的理论与实践》(*International Guarantees of Minority Rights: Procedure of the Council of the League of Nations in Theory and Practice*)一书。其次,他围绕大西洋宪章、国际刑事法庭、巴以问题等主题,陆续出版了为数众多的国际法著作。一直到他去世前一年的1984年,斯通还出版了《世界秩序的愿景:在国家权力和人类正义之间》(*Visions of World Order: Between State Power and Human Justice*),并在其中阐述了他对于如何处理世界秩序,特别是超级大国之间关系的思考。

在法理学领域,斯通的代表作是于1946年出版的《法律的领域与功能》(*The Province and Function of Law*)。该书的副标题是"作为逻辑、正义与社会控制的法律,一项法理学的研究"(*Law as Logic, Jus-*

---

[1] 当然,斯通也发表过相关主题的论文,例如 Stone, Julius. "Law-As-Action and Integrative Jurisprudence." *Hastings Law Journal* 26 (1975): 1331.

tice and Social Control, A Study in Jurisprudence)。随后,他又以这三个关键词为基础,在 20 世纪 60 年代陆续撰写出版了具有三部曲性质的《法律体系与法律人推理》(*The Legal System and Lawyers' Reasonings*)、《人类法律与人类正义》(*Human Law and Human Justice*)、《法律与正义的社会维度》(*Social Dimensions of Law and Justice*)。从某种意义上可以说,"人类正义"是贯穿斯通各项研究的一个核心关键词。这或许也是犹太人身份对他的研究造成的一个深刻影响。

三

《20 世纪后半叶的法律与社会科学》是斯通于 1966 年出版的一本小册子,全书翻译成中文只有 8 万余字。不过,本书的出版时间值得引起注意。从 1964 年到 1966 年,斯通陆续出版了前述的法理学三部曲著作。而在 1966 年之后,斯通出版的著作都是有关国际法问题的。[1] 由此可以说,《20 世纪后半叶的法律与社会科学》代表了斯通在法理学领域,特别是在法律与社会科学领域的阶段性思考成果。

---

[1] 除了他在 1985 年出版的遗作《先例与法律:普通法成长的动力学》(*Precedent and Law: The Dynamics of Common Law Growth*)。

本书一共分为三个部分。第一部分的主题是"法律与社会科学位居何处",斯通在该部分的开篇就指出,法律秩序与社会秩序之间的关系在20世纪前半叶已经成为法学和法理学的核心关注问题。这一判断体现了斯通在牛津求学期间就已受到的社会学法学的影响。当然,斯通也没有忽视他一直关注的"人类正义"问题,指明了在此前相当长的一段时间内,与法律相关的核心问题是"理解正义是什么"。在此,斯通借助前文提及的用以理解法律性质的三个关键词——"逻辑、正义与社会控制",将上述两方面的问题串联在一起。他认为,在特定时间的特定社会中的人会持有特定的正义理念,这一事实本身就是社会事实的一部分,而法律与社会的研究又会将这一社会事实同法律秩序联系起来。当然,斯通也意识到,"有关正义理论的研究"和"对于法律在其社会相互关系中的研究"在立场上仍然具有较大的差异。其中一个是规范性的活动,而另一个是描述性的活动。

随后,斯通回顾了法律与社会科学研究的早期思想渊源,指出法学和社会科学分别从自身的角度提供了相应的思想资源。在法学的这一侧,主要是历史法学派;而在社会科学的这一侧,主要是将法律解释为社会复杂体之组成元素的各类尝试。通过

《20世纪后半叶的法律与社会科学》导读

历史梳理,斯通指出在法学和社会科学中都逐渐形成了一种"对于形式主义的反抗"趋势。在法学中,可以观察到"萨维尼对于18世纪自然法的反应""耶林的社会功利主义对于潘德克顿学派的逻辑主义的反应"等现象;而在社会科学中,"反抗源自对过度依赖逻辑、抽象、演绎以及对数学和力学的类比的反感"。由此带来的影响是,法学家们"开始认识到法学研究的评价性活动必须和社会学法学的描述性活动相伴而行",而社会科学的研究者们也"更为普遍地意识到在社会科学尽其所能之后,政策和正义的问题仍然需要被解决"。在第一部分的最后,斯通还从机构和组织的角度讨论了如何推进法律与社会科学研究的问题。

本书第二部分的主题是"法律与社会科学边界中的计划与运动"。斯通首先提及了庞德在20世纪初为普通法国家的社会学法学研究所制定的计划。在对这一研究计划的搁置表示惋惜的同时,斯通也指出该计划确实"过于雄心勃勃",在一定程度上需要为自身的失败负责。他还形象地说道,"庞德的'社会工程师'肯定是一个忙碌的人,不管项目已经完成了多少,工程师依然远远落后于他的工作进度"。斯通意识到"现代社会科学已经远离了任何对其任务的单纯分类学视角",它的核心关注问题已经变成

"将社会秩序视为一个功能性的统一体"。在此,角色理论具有相当的重要性。斯通引述了英国人类学家齐格弗里德·弗雷德里克·纳达尔(S. F. Nadel)的观点,后者认为角色概念的重要价值在于它为"社会"和"个体"之间提供了一个概念中介,从而促进我们理解个体行动何以能够变成社会行动,以及个体的品质和倾向何以能够成为社会规范和价值。在此基础之上,斯通借助美国社会学家帕森斯(Talcott Parsons)在《社会系统》(*The Social System*)一书中提出的框架,讨论了如何观察从社会的结构和功能中产生的行动与理念彼此之间的关系。

斯通认为,帕森斯所关注的问题首先是"处于压力之下的行动者能够通过一种有序或者系统的方式适应他们的价值和行动导向的机制",其次是"个体行动者作出这些适应的倾向"。在斯通看来,这正是帕森斯所使用的"需求-倾向"(need-dispositions)这一并未得到充分解释的概念的含义。他指出,为了进一步分析上述问题,帕森斯使用了5组相互对立的特征作为"模式变量",它们分别是:情感性与情感中立(Affectivity/Affective Neutrality);广布性与狭窄性(Diffuseness/Specificity);普遍性与特殊性(Universalism/Par-ticularism);品质与表现(Quality/Performance);集体导向与自我导向(Collectivity-O-

《20世纪后半叶的法律与社会科学》导读

rientation/Self-Orientation)。在对帕森斯的社会理论进行一番论述之后,斯通也不无遗憾地指出,"这一令人瞩目的对于社会系统的性质和结构的理论化如此地忽视了法律人的法学(有时甚至是常识性)知识"。在第二部分的最后,斯通强调自己的立场"一直是并且仍将是,在知识的方面,那些已经为人所知或者有待被发现的与法律在社会中的角色相关的原则,应当被列入到其他社会科学的合理关注范围之中"。

本书的第三部分讨论了一个在今天看来也颇为前沿的问题:"寻求正义中的人类与机器,或者为什么上诉法官仍然应当是人类"。与前两部分的主题相比,这显然是一个更为具体的问题。斯通自己也表示"我必须赞赏读者们对于先前部分的一般性论述所表现出来的耐心"。对于为何选取这一具体问题,斯通给出了四个方面的标准:第一,相关制度对于整个法律秩序的重要性程度;第二,更好地理解与处理这些问题的紧迫性程度;第三,如果我们不能从其他知识分支获得足够的理解与支持的话,这些问题有可能困惑我们的程度;第四,相关的法律活动领域已经感受到来自技术发展和社会与政治科学的研究的压力的程度。

在进入前述问题之后,斯通界定了两个需要重点关注的领域:一是语言及其性质的领域,"其中核心是对于语义中多义和变化的责任,以及它们对于法律的权威材料的运作所产生的全部影响";二是司法裁量和司法选择的领域,"其中法律秩序必须保持既稳定又运转,同时也必须要面对法官对其选择的责任的性质与限制"。考虑到在法律现实主义的影响之下,后一个领域中的相关问题对于人们来说并不陌生,斯通进一步选择从语义学的角度讨论机器对于司法裁判的影响。他通过精密地分析指出,关于上诉决策的逻辑学和语义学方面的研究"提供了足够的理由让人们相信上诉法官通常并不会只有一个可验证的正确理由","即便是最为精巧的机器也无法发现不存在于那里的东西"。斯通进一步指出,"虽然机器毫无疑问地可以揭示出相互竞争的替代性理由的全部序列","但是这一序列通常会过于庞大,以至于无法控制裁判,人类法官的经验、意志和目的这些情感要素将他们的选择限缩到可行的范围,而机器无法配备这些要素"。在第三部分的最后,斯通总结道:"如果现代的复杂秩序及其制度的可行性要避免崩溃,那么法学的传统主义需要比以往对新技术表现出更多的尊敬。但是基于同样的原因,我们认为新技术的支持者和专家们也必须正视他们所能够做出的贡献存在的局限。"上述观点对于今日法学界有关人工智能等问题的讨论同样具有参考价值。

《20世纪后半叶的法律与社会科学》导读

本书虽然只是一本小册子（在这个意义上非常符合"法哲学与法理论口袋书"系列的定位），但是其中知识密度相当之高。译者在翻译过程中也时常感叹斯通对于相关社会理论和其他理论的熟知程度。鉴于译者能力有限，疏漏在所难免，敬请读者诸君能够批评指教。

第一章　法律与社会科学位居何处

I

在20世纪前半叶,法律秩序与更为广泛的社会秩序之间的关系毫无疑问地成了一个法学和法理学的核心(可能是核心)关注问题。注意力被越来越多地集中在法律对于参与维护特定社会或者各种社会的人类观点、行动、组织、环境、技能以及力量的复杂性的影响,以及反过来前述这些要素对于特定法律秩序的影响之上。就特定的法律秩序而言,其本身就是社会秩序的一部分,并在其中引发了所涉及的相互关系,后者包括了社会秩序的法外要素对于法律秩序的形成、运作、改变和瓦解的影响,以及法律秩序(或者法律秩序的特定部分、种类和

第一章 法律与社会科学位居何处

状态）对于这些法外要素的影响。就其绝大部分而言——尽管并非独占地，这些发现在社会学法学的旗号之下得到了推进，其中在这个国家最为伟大的先驱者和拥护者是罗斯科·庞德，在欧洲大陆则是欧根·埃利希（Eugen Ehrlich）和赫尔曼·康特罗维茨（Hermann Kantorowicz）。我必须首先谈及此种既定关注在法律方面的性质和范围。

此类发现的主题显然包含了发生在时间中的现象以及它们彼此之间的关系，其中可能包含了过往社会和当代社会的现象。由此，不管我们想起的是由弗里德里希·卡尔·冯·萨维尼（Friderich Karl von Savigny）在19世纪初创立的德国历史法学派，[1] 还是由亨利·梅因（Henry Maine）在半个世纪或更晚之后创立的英国历史法学派，被称为"历史法学派"的（Historical School）法学家们的大部分工作

---

[1] 参见 Hermann Kantorowicz, "Savigny and the Historical School of Law"（1937），53 *Law Quarterly Review* 334, 335。鲁道夫·冯·耶林（Rudolf von Jhering）的《罗马法在其不同发展阶段之精神》（*Der Geist des römischen Rechts auf den verschiedenen Stufen seiner Entwickelung*）（1873-1877，第四卷，未完成）从一个方面来看，正是一部旨在探究罗马法中"技术"和"理想"元素的作品。笔者同时拒绝使用"历史法学"这一范畴以及它的各种"比较"变体。参见 Julius Stone, *The Province and Function of Law*（1946），35-36（以下引用为 *Province*）；Julius Stone, *Legal System and Lawyers' Reasonings*（1964），introduction, §8（以下引用为 *Legal System*）。F. J. Davis、H. H. Foster, Jr.、C. R. Jeffery 和 E. E. Davis 的 *Society and the Law*（1962）的第9、14页以及脚注56正确地强调了

在今天更适宜被视为是应用于过往社会及其法律体系的社会学法学。这一工作,特别是梅因的工作,与人类学家的工作联合在一起;并且引人注意的是,在数十年之后的今天——其间梅因曾是人类学的替罪羊(whipping boy),他的许多基本见解只需稍加修饰,仍然能在当代人类学知识的潮流中存活或者复苏下来。

然而对于当代世界及其问题来说,最大的精力和希望被寄托在探索法律和社会变革的相互作用上。在我们这个时代,西方法律秩序的中心困惑首先表现为在社会秩序中发挥作用的法外要素对于法律命令(precepts)和制度(institutions)的压力。今天,在针对以个体生命或者个体的社会生命(也就是社会相互依存)之名的法律现状(*status quo*)的事实上的(*de facto*)诉请方面,几乎是显而易见地能看到这些困惑。我们努力去解释哪怕是最为棘手的经济联合体冲突,不论是关于劳工的还是大型企业的,同时也包括这些方面的劳动关系和反垄断法冲突。然而作为法律人的一个参考框架,所有这些远非不言自明,即早先世纪的法律人对此几乎完全不知晓。

(接上页)笔者研究进路中的这一方面。在这一前提被明晰之后所开展的实质性研究,可参见 Julius Stone, *Social Dimensions of Law and Justice* (1966)(以下引用为 *Social Dimensions*)。

第一章 法律与社会科学位居何处

当然早先的几个世纪，回到西方早期的法律与正义视野，犹太-基督教、希腊和罗马的伟大传统确实关注了对于法律的理论化和解释。但是这些传统和它们在中世纪与后中世纪的继承者们转而聚焦于两个非常不同的问题中的一个或全部。其中的一个问题——其仍然存续至现代的分析法学中——的主要关注点在于促进我们对一个法律秩序的若干命题和部分的逻辑融贯性的看法，以及确定所使用术语的定义和能够最大化这一融贯性的预设。此类问题倾向于仅使用那些在法律命题的形式中保持稳定的要素来界定"法律"和"一个法律秩序"。与此相对应，社会学法学，以及任何寻求将社会科学知识带至法律问题的研究，则使它们自己专注于社会、经济、心理以及其他非法律因素对于法律命题具体内容变革过程的影响。同时它们也关注法律秩序中对于这些具有类似影响的部分，尽管不是由法律命题所组成的——例如律师的技术和传统理想以及专业特质。所有这些是法律秩序的事实，与更为一般化的社会背景的事实之间的关系是这一学科需要检验的任务。

早先世纪和几千年来与法律相关的另一主要关注点——其本身就位列人类所有形式的最为古老的关注点之中——在于理解正义是什么、确定正义要求我们应当做什么,以及它对于法律的特别关注。很明显作为一个知识体系,这和有关法律与社会关系的知识并不相同。一个特定时间的特定社会中的人会持有特定的正义理念这一事实本身就是社会事实的一部分,而法律与社会研究又涉及将该社会事实与法律秩序联系起来。虽然正义理论的研究确实也与此类理念相关联,但是其立场相当不同。对于法律在其社会相互关系中的研究,所关注的是**持有这种理念的事实**在法律秩序中的实际影响,以及法律秩序对于此种被持有的理念之影响。正如对正义理论的研究一样,其原则上并不关心这些理念是有效的还是无效的,是可证明的还是不可证明的,是有用的还是无用的甚至是不确定的。前者是一个描述性的活动,后者则是一个规范性或"评价性"的活动。一个试图去描述"是什么",或者"接下来会是什么",另一个则关心"应当是什么"或者"接下来应当会是什么"。

这一明显的区别在上一代中被两个令人困惑的因素所掩盖。其中一个是在罗斯科·庞德的社会学法学思想主流和晚期卡尔·卢埃林(Karl Llewellyn)对于"是(Is)与应当(Ought)之间的分离"的新现实主义(Neo-Realist)需求之间的纠结争论。另一个是如下的事实,即有关正义的实用主义理论——例

第一章　法律与社会科学位居何处

如罗斯科·庞德自己的理论，旨在提供一种将社会事实衡量为正义理论的方法；罗斯科·庞德自己的正义理论就不得不从他的社会学著述的角落和缝隙，以及经常被隐藏的假设中加以挖掘。

到目前为止，我已经就法律与其他社会现象之间的相互作用发表了意见。当我们将自己指向法律与"社会科学"之间的关系，也就是两者各自的知识体系而非主题内容之间的关系时，我们必须承认额外的复杂性。关于这一主题内容的知识仍然分布在众多的社会科学之中，并且这些知识是否能以某些方式被"统一"起来，或者是否存在着一些超越了其多元性的主要学科——例如社会学或人类学，这一问题长期以来都是社会科学家之间的一个"宣战理由"（casus belli）。对于一个需要与所有具备他所寻求的外部知识的主体进行互助协定的法学家来说，参与到这些冲突之中是愚蠢的。在他有关法律与社会的研究中，他必须掌握在哪里能够找到知识的学问，因此必须凭借所有移动的和扩展的社会科学，其中包括那些更为传统的学科——人类学、经济学、地理学、心理学和社会医学，以及那些与社会、伦理和政治制度相关的学科；同时还有那些更为现代的学科——人口统计学、社会统计学、社会心理学和社会学。

他所关注的是,将这些知识的积累带到法律问题之上——只要它们是和法律问题相关的,而且正如我们所说的,对于过去和现有的法律秩序都要如此来做。此外,将有关法律与其他社会现象的研究结果带到它们所能容忍的一般化的陈述水平之上也是他的任务之一。事实上,法理学者们对于是否不应当有一个特殊的"法律的社会科学"或者"法社会学"——其由一般性原则所组成,这些原则与自然科学原则一样保持不变,将法律视为一种社会科学——存在着自己的内部纷争。我会在适当的时候就此提出一些意见,我们现有的观点在任何情形中都能够成立。法律研究必须诉诸社会科学,其中一部分任务是尽可能在一般化的层面上解决在法律稳定和变革中发挥作用的社会、经济和心理因素。它必须根据存在着多种有关法律的非自主性的理论——例如马克思主义-苏维埃有关国家与法"萎缩"的理论,以及某些制度主义理论——这一事实来加以检验。它必须说明,涉及法律同人们的社会心理互动之间的关系的知识状态所允许的是什么,这一关系存在于人们针对由现实社会和经济条件所产生的价值问题的态度之中。同时也有一些相关的任务,它们涉及法律与社会中权力过程之间的关系,这些任务在多种方面和程度上都是以不同复杂性的社会心

第一章　法律与社会科学位居何处

理互动为基础的。法官、行政人员和其他公务人员在法律秩序中的作用迫切需要通过法律资源与社会科学资源的结合加以重新评估甚至是重新组合。同时，可能是最为重要的，法学家需要社会科学来理解现代民主中的其他社会控制是如何与法律联系在一起的，以及在通过法律扩大社会控制的给定条件之下，特别是对于公民的参与和统治者的责任而言，这会有何影响。因为自由政府最值得骄傲的成就现在很可能取决于这一理解，以及我们据此指引我们的政治组织的能力。[1]

---

〔1〕 参见随后的第43页脚注2。一个更为完整的文献目录，参见 (1961-1962) 10-11 *Current Sociology*, No. 1, 由弗里德曼（W. G. Friedmann）撰写导读摘要；以及合计 7 期的月度增刊系列中的第 4 期，"Frontiers of Legal Research" (1963), 7 *American Behavioral Scientis*, 发行协调员 C. L. Ruttenberg（以下引用为 Legal Research）。在弗里德曼看来，"法律的社会学进路"包括了"民族学和人类学研究"以及"对于法律的心理学和精神分析解释"，同时还包括了"由马克斯·韦伯或欧根·埃利希之类的研究者所开展的更为明显的社会学研究，以及由……耶林和庞德所形塑的导向于社会学的法律目的论"。Legal Research 中的论文试图向法律人简要地介绍行为科学家的有关抱负，增刊则试图向非法律人介绍与行为科学家相关的法学工作。考虑到后者的包容与遗漏，在使用时应当格外慎重。对于心理学中相关工作的一个尝试性概率导读，可参见 Charles Winick, "A Primer of Psychological Theories Holding Implications for Legal Work," in "Legal Research," 45-47, 以及他在第 47 页所引用的研究工作。

II

将注意力聚焦在法学界对于法律的社会关系的长期关注之后,现在对我来说重要的是将注意力转移到推进这一关注的早期思想潮流上。

显然,它是由两股不同的智识潮流所供给的。从法学的这一侧,所谓的历史法学派,特别是受到人类学富有成效地批评的历史法学派,从对于法律自身的研究转移到它的社会相互关系上;而现代社会学,以及特定的社会科学,比如人类学,则侵入了法学的领地,试图将法律解释为社会复杂体的一个元素。

"历史法学派"为社会学法学提供了虚假的色彩,以及短暂但有效的密码"民族精神"(*Volksgeist*)。[1] 它引入了针对法律逻辑主义的内部纠正,以及对于正义的抽象推测,[2] 而这可能不会被在社会学"局

---

[1] 基于刚刚给出的原因,除非另有说明,我们在使用诸如"社会中的法律研究"(the study of law in society)、"社会学法学"(sociological jurisprudence)、"法社会学"(sociology of law)等术语之时,将不会考虑其含义上的差别,而只是为了表述上的多样化。

[2] Kantorowicz, "Savigny and the Historical School of Law," 334; Eugen Ehrlich, *Fundamental Principles of the Sociology of Law* (*Grundlegung der Soziologie des Rechts*, 1913, W. L. Moll 译, 1936), 478ff. (以下引用为 *Sociology*); N. S. Timasheff, *An Introduction to the Sociology of Law* (1939), 45 ff. (以下引用为 *Sociology of Law*)。

第一章 法律与社会科学位居何处

外人"的命令下迸发出真正色彩的早期社会学所接受。不管是在由萨维尼引领的德国一侧还是在由梅因引领的英国一侧，历史法学派都阐明了两个重要的真理。第一，它表明法律与社会环境密切相关，从而使得在孟德斯鸠（Montesquieu）之后在哲学和政治上司空见惯的东西在法学上得到尊重，甚至是更为司空见惯。进一步来说，这些法学家在查尔斯·达尔文（Charles Darwin）之前就在社会领域中提出了一个粗糙版本的演化论；在这种粗糙的意义上，演化的理念在进入生物学和早期社会学的流通领域之前就已经处于法学的流通领域之中。第二，这些法学家挑战了纯粹逻辑分析以及对于正义的先验推测的能力。就其本质而言，历史性的观点将注意力集中在以这些方式难以处理的社会事实上，确实对于这些事实而言（作为最后的方法），法律推测可能需要被检测。由此，历史法学派不仅将法学家带到了应许之地，它也削弱了其现有占用者（existing occupants）的主要堡垒。它扮演了摩西（Moses）的角色，以及至少部分约书亚（Joshua）的角色。但是应许之地并不是在历史法学派自己的旗号之下，而是在社会学法学的旗号之下被征服和占领。雷蒙德·萨莱耶（Raymond Saleilles）用生动的话形容道，"历史法学派……仿佛呆若木鸡一般，无法使用它刚刚才宣

021

称过的演化与实践的工具"。他为此责怪了"只会等待、登记与观察",并且拒绝面对"创造性的立法与解释"的挑战的宿命论。[1] 可能在威斯康星州的威拉德·赫斯特(Willard Hurst)有关法律与经济成长的研究工作中,我们能够看到当代最为有力的试图超越传统历史法学派的这些局限的尝试。[2]

对于社会生活更为完整理解的探寻当然要比在19世纪左右被称为社会学之物久远得多;并且对于我来说,也没有必要像一些人做过的那样去寻求解决它的起点,不管这个起点是在孔子或者柏拉图抑或其他地方。[3] 18世纪的孟德斯鸠是一个已经足够早的现代出发点,不管是在他对于特定的伟大法律思想家——例如贝卡利亚(Beccaria)和边沁(Bentham)的间接影响方面,[4] 还是在他对于一般意

---

[1] R. Saleilles, "Ecole Historique et Droit Naturel d'apres Quelques Ouvrages Recents" (1902), 1 *Revue Trimestrielle de Droit Civil* 80 (以下引用为 Ecole Historique)。

[2] See Julius Stone, review of J. W. Hurst, *Law and Economic Growth* (1964), in (1965), 78 *Harvard Law Review* 1687-1689.

[3] 与法律相关的各种说明,参见 Timasheff, *Sociology of Law*, 44-63 (在第 381~403 页有一份简短但全面,不过又时好时坏的文献目录); Georges Gurvitch, *Sociology of Law* (1942), 68-197 (英文中最为完整的按照年代顺序的说明,尽管作者对于跟他本人不一致的观点不怎么有耐心); Huntington Cairns, *Law and the Social Sciences* (1935) (以下引用为 *Social Sciences*); Ehrlich, *Sociology*, Ch. i.

[4] See Julius Stone, *Human Law and Human Justice* (1965), Ch. 4 (以下引用为 *Human Justice*)。

第一章 法律与社会科学位居何处

义的社会和政治思想的直接影响方面。《波斯人信札》和《论法的精神》的核心命题，即人类的法律与正义是由地方风俗习惯和地理环境等多方面因素所造就的，意味着作为社会现象的人类法律只有通过假定社会领域的因果关系运作才能够被理解。[1] 它挑战了当下的自然法假定，即理想的法律规则是超越时代和人群而恒久不变的，并且能够通过对于人的理想性质的沉思而被发现;[2] 它也同时奠定了一般意义上社会学的基础和特定意义上社会学法学的基础。[3] 在这一基础被奠定之后，法学和社会学的进路才分离了一段时间，直到20世纪的重新和解。[4]

孟德斯鸠及其追随者之后的一个主要发展阶段通常体现在科学类比对于社会学写作的影响中。这一19世纪趋势的高潮点与另一位经典法国学者的名字联系在一起，即现代实证主义的领导者奥古斯特·孔德（Auguste Comte），他生活在19世纪上半叶，其《实证政治体系或论创建人性宗教的社会学》在1852

---

[1] Cf. Cairns, *Social Sciences*, 132-133.
[2] 更为一般化的说明，参见 Stone, *Province*, Ch. 9; Stone, *Human Justice*, Chs. 1-2, and 7.
[3] See Eugen Ehrlich, "Montesquieu and Sociological Jurisprudence" (1916), 29 *Harvard Law Review* 582.
[4] 尤其参见 Stone, *Social Dimensions*, Chs. 2-3, 10ff.

年至 1854 年间出版;[1] 尽管 18 世纪起源自牛顿物理学的类比的观点也被提出。[2] 数学模型对于孔德社会学的影响是毫无疑问的。孔德本人就是一位数学老师,并且他所生活的年代也被在一般意义上揭示了物理宇宙的结构与发展的数学与物理科学的显著成就所标记。他将自己的时代视为在通过神学和魔法,以及关于事物"本质"的形而上学假定来解释世界的连续失败之后,人类接受实证主义观点的时代之开端。社会的事实,就像物理宇宙的事实一样,无法通过在故事情节中引入一个机械降神 (*deus ex machina*) 得到解释,而需要通过诉诸假设和它们的验证将它们彼此联系在一起加以解释,由此达致同物理与化学的法则相仿的社会法律。

现在人们已经清楚地认识到,数学模型对于社会科学来说是危险的,尽管在更为复杂且更不自信

---

[1] 其有多个英文译本。孔德的 *Cours de Philosophie Positive* 问世要早得多,1830-1842。

[2] Cairns, *Social Sciences*,同时试比较同一作者的 *The Theory of Legal Science* (1941), 50ff. 17 世纪的莱布尼兹 (Leibnitz) 和 19 世纪的孔德都使用了一个数学模型,但是这一事实对于凯恩斯的如下说法而言似乎是一个危险的基础——"17 世纪的法学家们,一如 19 世纪中叶的法学家一样,都被视为机械的社会法学家"。莱布尼兹也影响了约翰·奥斯丁 (John Austin) [例如参见 Vol. 2, *Lectures on Jurisprudence* (2 vols., 3rd edition, revised and edited by Robert Campbell, 1869), 1123],但是那并没有让奥斯丁成为一个"机械论式的社会法学家"。

第一章　法律与社会科学位居何处

但仍然危险的改进中，它们可能仍然是许多社会科学家的明确假定或者未说出口的愿望的深层原因。当然在它的孔德形式中，对于处理心理学（包括集体心理学）事实（现代心理科学毕竟在未来仍然是事实）而言这是一个不够好的框架。与此联系在一起的是它对于不可阻挡的社会趋势的过于自信的假定，它过于仓促地从在该阶段显然仍不够充分的数据中抽取出"法律"，以及它将解释社会现象的"法律"发现与对这些现象的正当化混淆在一起的倾向。[1]

查尔斯·达尔文的《生存竞争中的物种起源（源于自然选择或对偏好种族的保存）》在1859年横空出世。这篇论文的原创性功劳在很大程度上被过度地给予了达尔文，而非他的前辈[2]以及同代人，[3]这已经引起了一些疑问。[4]情况有可能是，相

---

〔1〕 即将"法律"和"命令"的事实含义与规范含义混淆在一起。凯恩斯的主要评论（*Theory of Legal Science*）是沿着他对于"失序"（disorder）的详细说明而展开的，他将其视为法学的社会科学中的首要概念，但这一评论似乎产生了偏差（更为详尽的原因，参见 Stone, *Province*, Ch. 17）

〔2〕 例如 J. B. Lamarck 和 T. R. Malthus。

〔3〕 赫伯特·斯宾塞在达尔文之前就在《社会静力学》（*Social Statics*, 1850）和《心理学原则》（*The Principles of Psychology*, 1855）中提出了社会演化的理念，这一理念在斯宾塞有关"适者生存"的法则中得到了清晰的阐述，后者可见"Progress: Its Law and Cause," in Vol. 1 of *Essays: Scientific*, *Political*, *Speculative*, 3 vols. (1858–1874). 总计三

比起达尔文而言，社会领域中适者生存的演化论理念更多地归功于赫伯特·斯宾塞（Herbert Spencer），而达尔文自己的理念并没有超越源自偶然（非目的性）变异的自然选择。但是，即便在那时，社会演化主义进入社会思潮主要是被归因于达尔文的《物种起源》，例如经由威廉·詹姆士（William James）、威廉·格雷厄姆·萨姆纳（W. G. Sumner）和约翰·杜威（John Dewey）。[1]生物学解释有时将发展中的生物体视为一个特定的人，从而产生了民族学或人口学

（接上页）卷的《心理学原则》出版于1880—1896年。参见 Stone, *Social Dimensions*, Ch. 9, §23; 关于斯宾塞与马尔萨斯-达尔文式"演化"的演化之间的关系，以及斯宾塞的影响，参见 A. L. Harding, "The Ghost of Herbert Spencer: A Darwinian Concept of Law," in R. N. Wilkin, J. S. Marshall, T. E. Davitt, 以及 A. L. Harding, *Origins of the Natural Law Tradition* (1954), 69.

〔4〕 尤其参见 Jacques Barzun, *Darwin, Marx, Wagner*; *Critique of a Heritage* (1941, revised 2nd edition 1958), 10ff., 特别是第32页; 以及，对达尔文的辩护，参见 Richard Hofstadter, *Social Darwinism in American Thought* (revised edition 1955)（以下引用为 *Social Darwinism*），特别是第20页及以下诸页。关于达尔文对于自己被视为"社会达尔文主义"之"教父"的不适，试比较格特鲁德·希梅尔法布（Gertrude Himmelfarb）在 *Darwin and the Darwinian Revolution* (1959, 1962年重印) 中所作出的友善但又富有辨别力的评价，特别是第412~431页。

〔1〕 在某种程度上，达尔文版本的演化论被认为对于努力的效能（efficacy of effort）的容忍度更高，诸如莱斯特·沃德（Lester Ward）等思想者们对于验证这一点表示了担忧，因为这与宿命论式的观察者立场相反，后者与斯宾塞相关。参见 Hofstadter, *Social Darwinism*, 139, 233, 以及其中所引用的杜威的立场。同时参见亨利·乔治（Henry George）早先在 *Progress and Poverty* (1879) 中对于斯宾塞的宿命主义的抨击，以及 Hofstadter, *Social Darwinism*, 111ff.

第一章　法律与社会科学位居何处

类型的制度成长研究；有时他们会试图通过生存竞争的生物学原则，来解释在法律和其他制度的历史中，理念[1]或者阶级[2]或者民族[3]的主导或者消失。在一种或者另一种形式中，演化主义就像许多主要理念一样，破坏了其所产生的科学区域，其法学影响的印记也非常显著。[4]

对于社会演化主义的批评，除了那些由圣经原教旨主义者所提出的批评之外，主要在于演化主义的竞争性概念方面，而不是现代版本的质疑精神和道德的成长是否必然受到物理-生物学成长规律的影响。后一进路的一位引人注目的先驱者是塞缪尔·巴特勒（Samuel Butler），他在1872年出版的《埃瑞璜》（*Erewhon*）中不仅清晰地看到了斯宾塞和达尔文版本（的演化主义）在早期思想中的出现，而且

---

[1] E. g., Gaston Richard, *L'Origine de L'idée de Droit* (1892)。

[2] M. A. Vaccaro, *Les Bases Sociologiques du Droit et de l'Etat* (1898); A. Menger, *Das bürgerliche Recht und die besitzlosen Volksklassen* (1908); 以及在韦伯和范伯伦的多数思想中以有保留形式呈现出来者。参见以下第32页脚注2。

[3] See, e. g., A. H. Post, *Bausteine für eine allgemeine Rechtswissenschaft auf vergleichend-ethnologischer Basis* (1880-1881), 以及他的 *Die Grundlagen des Rechts und die Grundzuge seiner Entwickelungsgeschichte* (1884)。

[4] See Cairns, *Social Sciences*, Ch. 2; H. E. Barnes, "Representative Biological Theories of Society"(1925-1926), 17 *Sociological Review* 120-130, 182-194, 294-300; 18 *Sociological Review* 100-105, 231-243, 306-314。以及参见 Jhering, Stone, *Human Justice*, Ch. 5, §§ 1-7.

还指出了一个生物体的利益或者目的以及其自身努力的关键作用，这一作用体现在最早导致那些反过来形塑了多样化物种的变异方面。[1]

但是，从历史角度来看，社会学和法学思潮中宿命式演化主义的衰落源自心理学中日益增长的利益。随着（旧）世纪的结束和新世纪的开启，这一影响的五个主要表现形式彼此接替出现：①作为实际现象的集体意志和集体心理学中的利益（其不同于集体中个人意志与心理学中的利益），这可以追溯至奥托·冯·基尔克（Otto von Gierke）的法学研究；[2]②作为社会现象起因的动态心理驱动（dynamic psychic drives）理论，以及在实证社会行动中运用这些驱动的呼吁，这可以追溯至莱斯特·沃德的社

---

[1] Samuel Butler, *Erewhon* (1872), *Life and Habit* (1877), 以及 *Evolution, Old & New* (1879)。*Erewhon* 的第一部分在 1863 年以题为 "Darwin among the Machines" 的论文形式发表。参见巴特勒对于 1901 年修订版的序言。同时参见 H. F. Jones, *Charles Darwin and Samuel Butler* (1911); 以及巴尔赞（Barzun）对于贬义上的达尔文形而上学的批评，和他对于巴特勒与尼采的批评的讨论，参见 Barzun, *Darwin, Marx, Wagner*, 101-114.

[2] 奥托·冯·基尔克在这一主题上的经典作品是 *Das deutsche Genossenschaftsrecht* (1868-1913)。其中第 3 卷的节选已经被翻译成英文，并由梅特兰（F. W. Maitland）撰写了题为 *Political Theories of the Middle Age* 的导论 (1900)。关于此处没有讨论到的冯·基尔克有关正义的观点，参见 W. G. Friedmann, *Legal Theory* (1944, 1960 年第 4 版), 第 180~190 页，特别是第 189 页。

会学研究;[1] ③作为促进了法律成长的主要精神现象的模仿理论,这可以追溯至加布里埃尔·塔尔德(Gabriel Tarde)的研究工作。[2] [基尔克在当时将注意力集中在事实性(actuality),或者用他的术语来说,集体意志和观点的"现实性"(reality)上;沃德宣称了在社会计划中对于此种心理学现象加以动态目的性使用的可能性和必要性;塔尔德则提供

---

〔1〕 莱斯特·沃德的作品主要集中在社会学而非法学领域,但是值得注意的是,就像 Otto von Gierke 一样,他也受到了法律人的训练。沃德的主要论文收录在以下 4 部作品中:*Dynamic Sociology* (1883); *The Psychic Forces in Civilization* (1893, 1906 年第 2 版); *Applied Sociology* (1906); 以及 *Pure Sociology* (1903, 1925 年第 2 版)。试比较 H. E. Barnes, "Two Representative Contributions of Sociology to Political Theory: The Doctrines of William Graham Sumner and Lester Frank Ward" (1919), 25 *American Journal of Sociology* 150-170; R. A. Kessler, "Lester F. Ward as Legal Philosopher" (1956), 2 *New York Law Forum* 389.

〔2〕 加布里埃尔·塔尔德生活于 1843—1904 年。参见他的 *Les lois de l'imitation* (1890), 由帕森斯 (E. C. Parsons) 翻译自法文第 2 版, 题为 *The Laws of Imitation* (1903), 在第 iii~vii 页附有个人生平简介。有关他的研究的一般性情况, 参见 Gurvitch, *Sociology of Law*, 103-116; C. K. Allen, *Law in the Making* (1958 年第 6 版), 97ff. 塔尔德的理论很自然地源于他担任法国司法部犯罪统计科科长的工作, 但是在他的一生中, 也曾担任过刑事预审法官 (*juge d'instruction*) 和哲学教授。他在犯罪学和刑罚学方面的工作 [*Criminalité Comparée* (1888); *La philosophie pénale* (1890), 翻译在 *Modern Criminal Science Series* 之中; *Études pénales et sociales* (1892); *Les Foules et les Sectes Criminelles* (1893)] 使得他有可能是过分地强调犯罪形成中的"传染性"因素。他在另外 2 部更为一般性的作品中发展了这一理念与法律之间的一般性关联, *Les Transformations du Droit* (1894) 和 *Les Transformations du Pouvoir* (1899)。参见 Stone, *Social Dimensions*, Ch. 9, §§ 9-10.

了一种假说——它在后来被证明过于简单,[1] 这一假说涉及这些现象是如何产生的,以及集体行动中的稳定性是如何产生的——心理学的"模仿律"(law of imitation)。] 对于这三个影响来说,在今天当然至少得加上另外两个影响:[2] ④作为对意识层面行动非理性的解释的非意识层面的个体精神活动理论,这可以追溯至西格蒙德·弗洛伊德(Sigmund Freud)的研究工作;以及⑤社会生活中无理性(non-rational)与非理性(irrational)的理论,其中维弗雷多·帕累托(Vilfredo Pareto)和马克斯·韦伯(Max Weber)的研究工作具有先驱意义,但是爱米尔·涂尔干(Emile Durkheim)和其他学者也参与了重要的方面。[3]

---

[1] See Stone, *Social Dimensions*, Ch. 9, § 9, and passim.

[2] See, e.g., Stone, *Human Justice*, Chs. 2, 10, 以及 *Social Dimensions*, Ch. 12, 其中对这些问题进行了考虑。

[3] 尤其参见 Emile Durkheim, *Le Suicide* (1897)。古斯塔夫·勒庞(Gustave Le Bon)的 *Psychologic des Foules* (1895) 在群体心理学的相关领域中是一部先驱性的作品。后期的作品,例如卡尔·曼海姆(Karl Mannheim)(参见 Stone, *Social Dimensions*, 第 3 章,脚注 138 及以下脚注)和哈罗德·拉斯韦尔(H. D. Lasswell)的 *Psychopathology and Politics* (1930) 和 *World Politics and Personal Insecurity* (1935) 基本上也是在这一脉络之中。此外,丹尼尔·艾塞杰(Daniel Essertier)的 *Psychologie et Sociologie* (1927) 早在 1927 年就提出个体和群体心理学之间的简单二元论已经被取代,借此对勒庞、涂尔干和塔尔德进行了一个总结性的比较研究。See Stone, *Social Dimensions*, Ch. 9, §§ 9ff. 有关其他令人印象深刻的比较研究,参见 Howard Becker 和 H. E. Barnes, 1 *Soc-*

第一章　法律与社会科学位居何处

爱米尔·涂尔干,[1]在这一方面被莱昂·狄骥（Léon Duguit）所追随,对于社会结构中的差异与源自这些结构的法律中的差异之间的关联性进行了调查。他主张这些关联性应当被溯源至一种凝聚力,或者说"团结"（solidarity）,一个社会凭借于此被凝聚在一起。由此,通过一条独立的路径,社会学来到了一些已经由萨维尼和梅因的较为狭窄的法学视点所提出的中心问题——一个正在运转的社会单元的特征和它的法则的特征之间的关系。[2]涂尔干的功能主义聚焦于一个特定社会中各个机构之间支持和适应的相互关系,同时从一个机构逐渐到其余机构的变化传递（就此狄骥给出了一个过于僵硬的法学版本）成了现代社会科学的一个主要的持续性主题。它也从稳态（homeostasis）的生物学概念中得到

（接上页）*ial Thought from Lore to Science*（两卷本,1952年第2版）,本书涉及涂尔干、勒庞和斯宾塞；以及 Talcott Parsons, *The Structure of Social Action* (1937)（以下引用为 *Social Action*）,本书涉及帕累托（第5、6章）,涂尔干（第8、11章）,韦伯（第17章）。尤其参见涂尔干的 *Le Suicide* 第8章中的重要论述。

[1] 他的理论在法律上的主要应用可参见涂尔干的 *De la Division du Travail Social* (1893),由 G. Simpson 编译为 *On the Division of Labor in Society* (1933)。更为一般性的情况,可参见 G. Aimard, *Durkheim et la Science Economique* (1962); Emile Durkheim, *Sociology and Philosophy* (1953, D. F. Pocock 译)。

[2] See Stone, *Social Dimensions*, Chs. 2-3.

了辅助性支持。[1]

在该世纪最后四分之一的时间里，在法学和社会学关注的这种和睦关系中，还出现了延续自卡尔·马克思（Karl Marx）与恩格斯（Engels）及其追随者的以经济学为中心的思想路线，其中不仅包括像卡尔·伦纳（Karl Renner）这样的社会主义法学家，还包括像马克斯·韦伯这样重要的独立思想家。在对马克思主义的过度简化被忽略之后，其对于法学、伦理学、经济学和心理学调查的复杂依赖性的坚持具有（并且仍然具有）重要意义。[2] 同时，社会学家

---

[1] Cf. Arnold M. Rose, ed., *The Institutions of Advanced Societies* (1958)。斯宾塞已经提供了一种演化论版本，在该种演化过程中，一个不确定的不连贯同质性将会分化成为一个更为确定的连贯异质性。

[2] 马克斯·韦伯（1864-1920）也做了大量的工作以引入必要的矫正，尤其参见他的 *The Protestant Ethic and the Spirit of Capitalism*，该书由帕森斯翻译（1930），其试图科学地论证人类群体实际持有的理念和信念在决定社会与经济变革中的实质性（尽管不是决定性）作用。关于这一主题，试比较 Leo Strauss, *Natural Right and History* (1953), 50ff., 尤其是第60~61页, 脚注22。并参见韦伯的 *The Theory of Social and Economic Organization* (A. H. Henderson 和 Talcott Parsons 译, 1947); Weber, *General Economic History* (F. H. Knight 译, 1927); *From Max Weber: Essays in Sociology*, H. H. Gerth 和 C. W. Mills 编译, 1946; *Max Weber on Law in Economy and Society*, Max Rheinstein 译, 1954。德文原版可参见韦伯的"Rechtssoziologie", *Wirtschaft und Gesellschaft* (1922), 第21卷, 第3部分。关于韦伯的背景性知识, 参见 J. P. Mayer, *Max Weber and German Politics* (1944); 关于他的社会理论, 参见 Parsons, *Social Action*, Ch. 17. 试比较 Barna Horvath 对 Max Rheinstein 的 *Max Weber on Law in Economy and Society* 的书评 (1956), 5 *American Journal of Comparative Law* 153.

第一章 法律与社会科学位居何处

爱德华·罗斯（E. A. Ross）的《社会控制》（*Social Control*）一书[1]将法律与道德的关系这一经典的法学问题置于一个更为广泛多样的"社会控制手段"的功能性亲缘关系的一般理论语境之中，其中包括了宗教、习惯、当下的道德以及法律。他认为法律仅仅是这些社会控制手段中"最为专业和完成度最高的"。[2]

在19世纪末，事实上引入了一段法学的社会学探索者和社会学的法学探索者的相互盘点时期。萨莱耶（正如我们所看到的）批评了历史法学的无用论和宿命论，冯·耶林的动态虽然经常是表面化的概括，但也遭受到社会科学家的攻击。莱昂·狄骥和莫里斯·奥里乌（Maurice Hauriou）[3]将涂尔干的一些主要理念移植到法学思想之中。欧根·埃利

---

[1]（1901）汇集了1896—1901年间的写作。参见第10~27章，其中他主要处理了"公共意见"、"法律"、"信念"、"社会建议"（包括教育和习惯）、"社会宗教"、"个人理想"、"仪式"、"艺术"、"个性"（即个性影响）、"社会评价"。以及参见 Stone, *Social Dimensions*, Ch. 14, §§1-3, Ch. 15, §§1-9.

[2] *Ibid.*, 106。关于卡尔·伦纳，试比较 Stone, *Social Dimensions*, Ch. 9, §4, Ch. 10, Ch. 12, §8, 以及奥托·卡恩-弗罗因（O. Kahn-Freund）为他给伦纳的 *Institutions of Private Law and Their Social Functions* (1949) 所编辑的英文版撰写的导论，由艾格尼丝·史瓦西（Agnes Schwarzschild）翻译。

[3] 同时参见 Stone, *Human Justice*, Ch. 5, §§ 8-14; 以及 *Social Dimensions*, Ch. 11.

希有关法律发展的重力中心并非处于立法或法律科学或司法决定中,而是处于社会自身之中的法学假说,则与法律的人类学视点并行不悖,后者将法律视为大量义务的集合,这些义务由社会结构深处的互惠性与公开性的特定机制维持其有效性。[1] 伴随着埃利希1902年的《法律渊源理论文集》(Beiträge zur Theorie der Rechtsquellen)、1906年的《社会学与法学》(Soziologie und Jurisprudenz),以及1913年的《法社会学基本原理》(Grundlegung der Soziologie des Rec-hts);[2] 同时伴随着赫尔曼·康特罗维茨1906年的《为法学而斗争》(Der Kampf um die Rechtswissenschaft),[3] 以及1911年的《法律科学与社会学》(Rechtswissenschaft und Soziologie),社会学和法学的调查方法开始在德国汇聚成一股潮流。伴随着罗斯科·庞德1911年的著名论文《社会学法学的范围与目的》(The Scope and Purpose of Sociological Jurisprudence),[4] 相

---

[1] 参见埃利希的 Sociology 的导论。

[2] 埃利希将他的学说归纳在一篇译文中,"Sociology of Law"(1922),36 Harvard Law Review 130。关于更为全面的参考书目和生平细节,参见莫尔(Moll)教授在埃利希的 Sociology 中撰写的序言,viiff. 埃利希是切尔诺夫策大学的罗马法教授。

[3] 以格奈乌斯·弗拉维乌斯(Gnaeus Flavius)的笔名出版。

[4] 第 I 部分 (1911),24 Harvard Law Review 591;第 II 部分 (1912),25 Harvard Law Review 140;以及第 III 部分 (1912),25 Harvard Law Review 489;以及他的 "Need for a Sociological Jurisprudence"(1907),19 Green Bag 107。波兰学者莱翁·彼得拉日茨基(Leon Petrazycki)关于

第一章 法律与社会科学位居何处

同的过程也在英语世界开启了。如果我们不是愤世嫉俗地吹毛求疵，或者过于天真地缺乏耐心和不切实际，我们就必须承认相互的咨询和支持——它们不仅仅处于一般意义上的社会科学之中，还处于社会科学与法学的研究之中——已经自那个时候开始稳固地成长起来。这一点在如此多的领域是如此的明显，以至于我们认为争辩其距离达到庞德相信已经在半个世纪之前开始的社会学进路的"统一"阶段还相差多少是没有意义的。[1]

III

鉴于这一背景，我希望观察到"对于形式主义的反抗"——莫顿·怀特（Morton White）在1949年借此来形容现代社会科学的趋势[2]——在法学中要比在社会科学中更早成熟（这一事实）不会被认为是法学沙文主义的。萨维尼对于18世纪自然法的

（接上页）法律的心理学面向的研究也应当被提及。See Stone, *Social Dimensions*, Ch. 12, § 4, 特别是 n. 42.

〔1〕 以及试比较他的 *Social Control through Law* (1942), 124-125; *Outlines of Lectures on Jurisprudence* (1943年第5版), 35 (以下引用为 *Outlines*)。

〔2〕 See M. G. White, *Social Thought in America*, *The Revolt against Formalism* (1949) (以下引用为 *Social Thought*)。

反应，耶林的社会功利主义对于潘德克顿主义者的逻辑主义的反应，以及梅因和人类学家、早期社会学法学家对于仅仅从技术专业角度关注法律的反应，都汇聚成了一种广阔的并且仍在自然发展的法学反形式主义。在社会科学中，反抗源自对过度依赖逻辑、抽象、演绎以及对数学和力学的类比的反感。[1] 它倾向于首先将注意力的焦点转移到历史和假定的文化成长的有机过程上，然后再拓展到与每一种社会科学的关注相关的材料，这些材料可以从其他地方挑选出来。

这一较晚的阶段将会被误解，并且看起来像是一种外行指导外行的活动，除非人们能够认识到其背后隐藏的乃是一种承认，承认各种社会科学的主题之间的区别取决于抽象，而在感官世界中没有东西能够真正与之对应。当外界风趣地说社会科学家被"他们除了他们的演绎链条之外没有什么可失去的"的口号所召集而联合起来之时，[2] 这同时也表达了如下的含义，即每一个分支的社会科学家应该尝试去超越构成了他们各自主题之基础的抽象。当然，最终它也意味着抛弃科学家自己的分支具有独特

---

[1] *Id.*, 11.
[2] *Id.*, 12.

第一章 法律与社会科学位居何处

身份的假定，因为这一点隐含在如下的认识之中——所有的社会科学最终都有一个共同的主题。正如我们应当看到的，当代社会科学中的一些杰出研究，并不能与特定的社会科学联系在一起，甚至也不能与哲学联系在一起，它们似乎同时涉及所有这些学科。

导致现状的思想压力有着多重多样的特征。在美国，莫顿·怀特识别出了5种。[1] 一是晚期约翰·杜威的实用主义和工具主义。他坚持理念是行动的计划而非现实的镜像；所有种类的二元论都是致命的；"创造性智慧"是解决问题的最佳途径；以及哲学应当将自己从形而上学中解放出来去致力于社会工程。[2] 二是托斯丹·范伯伦（Thorstein Veblen）的制度主义，其坚持对于经济制度和文化的其他方面之间的联系进行经验研究的重要性。它反对抽象的古典政治经济学（同时避免对于历史的马克思主义解释），并在工程师和价格体系的基本制度方面提供了一种经济发展的程序性理论作为替代。[3] 三是被称为"现实主义"的运动——它既是法学运动，也是一般利益运动。这项运动可以追溯到小奥利弗·

---

[1] *Id.*, 7-8.
[2] *Id.*, 96-97, 128-146.
[3] *Id.*, 25, 76-94.

温德尔·霍姆斯（Oliver Wendell Holmes, Jr.），其反对有关法律是一个预先存在的、有待被法官发现的实体之观点，并宣称恰恰与之相反，法律在很大程度上是被法官创造的。[1] 四是由历史学家查尔斯·比尔德（Charles Beard）引入这一阶段中心的想法，这一想法伴随着潜在的经济力量，这些经济力量被认为决定了文明的历史，并将继续控制社会生活的方向和加速。[2] 最终与这些影响联系在一起，并且（像它们的全部一样）具有远远超出美国情景之重要性的，是看待历史的不同视角，其不再仅仅将历史视为过往的编年史——更不要说仅仅将其视为国王和战役的组合，而是将历史视为一种理解当下并且指引文明未来的方式。[3]

事实上，在这一阶段没有思想能够摆脱整个19世纪欧洲思想的广泛运动。其中首先包括了历史进程是在向前推进的可能性之主张，它为19世纪浪漫主义所带来的历史复兴和修正奠定了基础；有关演化和适者生存的斯宾塞-达尔文式原则；源自法国理性主义者并受到法国和美国革命滋养的人道主义思潮；作为一种社会和政治哲学理念的政治多元主义

---

[1] *Id.*, 59-75, 103-106.

[2] *Id.*, 20 ff., 107 ff.

[3] *Id.*, 220 ff., 关于历史学家 J. H. Robinson。

第一章 法律与社会科学位居何处

的兴起；源自牛顿式自然科学模型的哲学和知识新进路，以及源自马克思和恩格斯令人生畏的笔的历史唯物主义解释。

在事后很容易认识到，在这一背景下所进行的伟大的知识发酵，并不足以应对源自其中的问题。里面包括了历史中的"客观性"（objectivity）所指为何的问题，以及其在多大程度上代表了一个真实的规范，[1]还有最重要的——如果形而上学要被免除的话——经由经验方法来趋近所有的社会科学与道德价值之间关系的中心议题是否可能。[2]在这个问题上，反形式主义时期的巨头们由于缺少信心而止步下来，他们或者断言"这没有帮助"，或者耸了耸肩"放弃吧"，又或者徒劳地挣扎在个人信念与非道德主义之间寻找一些路径。现在我们可以看到，用怀特的话来说，为何针对形式主义的反抗"很快伴随着恐惧的盛行，其中精确、逻辑和分析的方法都变得可疑"。[3]在任何情况下，社会科学和社会学法学都不能在这一点上高枕无忧。即便是在物理工程学——更不用说社会工程学了——最为实用主义

---

[1] Cf. *ibid.*

[2] *Id.*, 204 ff.

[3] *Id.*, 244 ff., 其中他观察到 Dwight Waldo, *The Administrative State*（1948）提出的即便是"一项政治技术也需要一个计划"。

的计划中，志向和计划都是不能被免除的，因为"只有在我们知道了想要的桥梁种类之后我们才能开始建造它。我们也许可以基于未来的发现和困难来修改原始计划，但是必须要有能够借以开始的假设，这些假设能够加以调整去满足事实"。[1]

正如我们应当看到的，法学思想中的这些困难伴随着特定的锐度涌现出来。法律人致力于义务的理念以及对其真实性的信念之事实——这源自法律人的训练以及他们主题的本性——提升了锐度，但是在西方民主国家，这一事实也限制了无目的的无政府状态的恐惧，这一恐惧与更为一般化的反形式主义反抗相伴而行。

IV

即便在1946年，本书作者仍然为给法学领域中

---

〔1〕 White, *Social Thought*, 245。参见以下第45页脚注1。关于"社会科学"更多地关注"社会政策"的其他诉求，参见 G. D. H. Cole, "Sociology and Social Policy" (1957), 8 *British Journal of Sociology* 169, 以及贡纳尔·缪达尔 (Gunnar Myrdal) 在 *The Political Element in the Development of Economic Theory* [两卷本，由保罗·斯特里滕 (Paul Streeten) 于1953年翻译自德文版，原版为瑞典语，1929年] 中有关经济不可能脱离于政治的经典论文，尤其是 Ch. 8, 193, 196. 也可参见 E. W. Patterson, *Law in a Scientific Age* (1963), 44 ff., 以及其中所引用的文献；Stone, *Social Dimensions*, Ch. 4, §1, 以及对于特别问题解决的警告，同上，Ch. 1, §14.

第一章　法律与社会科学位居何处

的这一反抗所带来的反传统的混乱状况设定限制而感到担忧,尤其是当这一状况源自热情的仓促之时。我们拒绝将这一时期的社会运动——包括那些知识运动——全部视为技术和经济发展的直接产物,不管这是在严格的马克思主义还是在某些更为灵活的版本中加以理解的。尽管意识到其中所包含的危险,我们仍然拒绝接受这样一种严峻的观点,即这些发展必然不可避免地导向社会和政治的解体。事实上,我们所担忧的倒是这些反形式主义反抗的影响所引起的普遍关注,这些影响意味着能够保存那些在西方民主传承中珍贵之物的新种类社会行动可能是可获得的。那些分享了此种信念的人将会被这一划时代的一代的许多方面所激励,这一代已经介入到了我想在第一章的结尾之处所提到的那些东西。

我所提到的不仅仅是主要西方民主政治体在物理意义上取得的令人瞩目的生存和复兴——并且有可能将其传统利益进一步扩展至数十个新兴的独立国家之上。我也尤其提到了对于产业工人人权的承认中已经作为一个既成事实的革命。并且我还提到了这一正在增长的认识,即技术趋势(例如迈向自动化)必须被教育和休闲领域(在工作领域中也同样)中富有远见的社会行动所匹配,以避免个体成为人类与自然斗争中的牺牲品。在社会生活更为传统的领域中，尽管在被认为涉及外部安全之处，存在着短暂的挫折和一些持续性的棘手问题，但是自1945年以来的这一代人已经见证了公民和政治自由克服种种经常被认为是不可阻挡的困难之后所取得的巨大胜利。这一代人也已经见证了，即便是在核武器无人性的阴影笼罩之下，无论是在国内还是国际舞台之上，对于落后者、残疾者、无特权者和受压迫者的人道主义关怀一直在持续。让有关健康、贫穷、不安全以及丑陋的问题直面唯一一种能够让它们全部屈服的行动——也就是集体思想、决定和行动，这样的一种需求已经把自己置于那些看起来是无法改变的政治与社会教条和不可动摇的既得利益的对立面上。

我们为乐观主义增添一个新的基础，而不必寻求去穷尽这一问题。基于已经呈现给法学家们的诸多原因，他们开始认识到法学研究的评价性活动必须和社会学法学的描述性活动相伴而行。在社会科学领域，人们更为普遍地意识到在社会科学尽其所能之后，政策和正义的问题仍然需要被解决，因而即便是那些更为实践性的学科，例如经济学，也必须以某种方式关注，有时甚至是等待政策和正义的指令。贡纳尔·缪达尔（Gunnar Myrdal）和约翰·

第一章 法律与社会科学位居何处

肯尼斯·加尔布雷斯（J. K. Galbraith）[1]令人瞩目的工作已经展现了，在供需的表面经验确定性和相互关系的背后，是如此频繁地存在着良好生活和随之而来的社会政策的冲突，对此不同的经济学理论总是有意识（或者无意识）地有所偏向。

许多此类工作对整个社会科学领域提出了一个主要问题，即我们在1946年深切关注的法律领域的这个问题。[2]其表现为，除非承认对于道德判断的关注，

---

[1] 在斯通的 *Province* 于1946年出版之后，缪达尔的作品才得以呈现在英文世界。而加尔布雷斯的作品则理所当然地要到20世纪50年代中期。See Stone, *Social Dimensions*, Ch. 8, 15 passim.

[2] 一些文献会在稍后被引用。并不令人惊讶的是，其中多数文献在一般领域和法律领域中都是相互合作的。参见，例如（仅以随机取样的方式）Daniel Lerner 和 H. D. Lasswell, eds., *The Policy Sciences* (1951); Talcott Parsons, E. A. Shils, K. D. Naegele, and J. R. Pitts, eds., *Theories of Society*（两卷本，1961）（以下引用为 Parsons *et al.*, *Theories*），该书汇集了非常丰富的材料；Gardner Lindzey, ed., *Handbook of Social Psychology*（两卷本，1954）; W. M. Evan, ed., *Law and Sociology, Exploratory Essays* (1962, 贡献者包括: W. M. Evan, David Riesman, Talcott Parsons, H. C. Briedemeier, T. A. Cowan、Hans Zeisel, F. L. Strodtbeck, A. W. Blumrosen); F. J. Davis, H. H. Foster et al., *Society and the Law* (1962, 两个法律人和两个社会学家的研讨会，尤其是第39~63、95~310页); Howard P. Becker 和 Alvin Boskoff, eds., *Modern Sociological Theory in Continuity and Change* (1957)(以下引用为 *Sociological Theory*)，该书是一次令人印象深刻的盘点，其仍然试图维持对于"踏入政治领域"的拒绝，但是又对此怀有一些焦虑不安——参见，例如 Boskoff 的导论，第30~32页，以及 Don Martindale, "Social Disorganization: The Conflict of Normative and Empirical Approaches", 340 ff., 特别是第366~367页; R. K. Merton and Paul F. Lazarsfeld, eds., *Continuities in Social Research* (1950); T. J. Geiger, *Vorstudien zu einer Soziologie des Rechts* (1947)。托马斯·考恩在伊文（Evan）的 *Law and Sociology*, 94 中确实已经提出，社

043

特别是对于人们正义理论的关注是合法且必要的，否则有关法律和社会的实证调查的大部分动力不会对自己进行消毒。我们坚持，事实收集，即便是对于所收集事实的"科学"概括，都不能够为民主法律秩序的核心问题提供更多的基础。这些核心问题涉及**应当如何处理**这些事实，它们是伦理、社会政策和正义的问题。不管这些问题能否用形而上学的方式加以处理，至少我们很清楚它们无法用实证的方式加以处理。[1]

因此，在这些问题上，本书作者坚持并继续坚持认为，形式主义的反抗者不能假定从任何科学所留下的划痕中进行计划，就好像根本不需要从前社会科学（pre-social-science）的时代中提取任何的指

（接上页）会科学家有可能从法律经验中受益的一个方面是"为他提供了一个巨大的宝库，这个宝库中包含了在法律自身的历史之中，以及在法律关于决定的经验规则的现有主体部分之中，有关人类行为的价值判断"。也可参见 *id.*, 98-104；H. Zeisel, "Sociology of Law 1945-55", 载联合国教科文组织关于美国社会学的趋势报告［由塞特贝里（H. L. Zetterberg）主编，1956］。

〔1〕 对于经验调研的局限性所逐渐形成的认识，最为重要的一个例子当然是在反垄断法中对于"市场支配力"这一概念的经济学贡献，对此可参见 E. S. Mason, "Market Power and Business Conduct"（1956），46 *American Economic Review* 471, 476 ff. 核心的困难并不在于事实或者对于事实之分析的缺乏，而是在于可接受的评价方法和标准的缺乏，例如有关经济效率和抑制权力集中的相互矛盾的政策。参见 Stone, *Social Dimensions*, Ch. 7, passim.

第一章　法律与社会科学位居何处

导方针或有用的领导。在这种坚持中，我们不仅从刚刚过去的那一代法律前辈处获得了安慰，也从年轻一代社会科学家们引人注目的思想萌动中获得了安慰。塔尔科特·帕森斯（Talcott Parsons）的《社会行动的结构》最近已经预示了一种广泛的社会知识进路，这种进路尊重事实和价值之间的差异，并为两者各自设定了独立的空间。帕森斯后期的工作，即令人瞩目的《社会系统》，正在延续着这一推动。宾夕法尼亚大学政治科学系自1960年启动的令人钦佩的"社会价值与公共政策"研究计划，从一个更为宽广但同样基础的视角来接近这些问题的整体复杂性，其对有序发展抱有极大的希望。[1]

巨大的困难仍然困扰着我们，它使得我们在不后撤到纯粹的神学或自然法的情况下，就无法实现对于道德虚无主义的避免。我们这个时代的伟大的政治、经济和社会问题，就像怀特所说的那样，"不太可能诉诸一个神学的教义得到解决，因为神学教义要求一种并未被所有诚实和聪颖的辩论参与者所

---

[1] See P. E. Jacob and J. J. Flink, "Values and Their Function in Decision-Making. Toward an Operational Definition for Use in Public Affairs Research," supplement, May, 1962, to 5 *American Behavioral Scientist*, No. 9 中的初步研究（该研究得到了相当数量的社会科学家之间合作的帮助）。整个研究计划得到了福特基金会的支持。同时参见前文第40页脚注1中的其他引用。

分享的信念"。实证的社会调查必须足够复杂以便识别自身能力的局限性,但是其在自身适当限度内的能力也不应当被否认。当我们依据"原罪学说"的某些变种否认人类有能力去识别或创造,以及尊重他所应当遵守的理想规范时,我们会否认它。当我们坚持这些理想规范是由一个自然法的超验秩序给予人类,而不受人类自身的认知能力和源自被认知之物的推理所影响时,我们也会否认它。前者通过反复述说"人不是上帝"这一不言自明之理,使人类陷入无能为力;后者则通过反复述说人类拥有一种不可避免且不可改变的"本性"来达成这一目标。如果我们从字面上理解这两者,它们都会使法律和社会科学的任何严肃能力归于无形。很明显,社会科学能够在我们的困惑中所给予的帮助既没有被迅速确定,也没有被轻易利用。与此同时,变化中的世界正在不断地为我们的名誉增添新的困惑。在这些情况之下,逃避进某种自然法或者某些相关的道德必然性教义的诱惑会相应地变得很大。[1] 在对于

---

〔1〕 在前述程度上,我们同意怀特的 *Social Thought*(1949,1957 年版的后记在 1962 年印在第 247~280 页),前文所引用的他的表述在第 258 页。怀特试图表明,雷茵霍尔德·尼布尔(Reinhold Niebuhr)的许多政治判断中的自由主义并非源自他的 The Children of Light and the Children of Darkness(1944)中的"人性黑暗理论"("原罪"),而是源自其勇气和正直的个人品质。参见第 257~258 页。他进一步认为,这种理

第一章　法律与社会科学位居何处

法律和社会的研究中我们需要抵制这种诱惑。[1]

由此，在斯库拉（Scylla）和卡律布狄斯（Charybdis）*之间行驶的难度被提升了，原因在于其他不为人所熟知但并未因此而减损其凶险程度的浅滩和礁石所导致的危险。其中之一源自我们在社会科学的某些领域构建全面的系统理论所取得的成功，也许

（接上页）论与沃尔特·李普曼（Walter Lippmann）的 *Essays in the Public Philosophy*（1955）中提到的"古老而晦涩的自然法本质理论"的复兴息息相关，至少在两者都对"本着科学精神"的政治讨论持有敌意这一方面是如此（第258页）。同时参见 *id.*，第xii、274页。在源自马克思主义视角的批评中发现与社会科学相关的紧张关系是一件令人奇怪的事情。例如，麦金泰尔（A. McIntyre）[in E. P. Thompson, ed., *Out of Apathy*（1960），195，225-227（以下引用为 *Apathy*）中] 论证过，像帕森斯那样的社会科学家陷入了如下的困境之中："要么人们可以辨别那些支配了社会发展的法律，要么他们不能。如果人们可以的话，那么科学家自身的行为将受制于这些法律，他们不是代理人，而是受害人，这是独立于人的思想、感觉或者意志所发生的社会过程的一部分。如果人们无法辨别这样的法律，那么他们注定是无助的，因为在他们的手中没有变革的工具。所以无论在哪一种情形中，人类的代理注定都会是无效的。"出于现有的目的，我们对此的评论是，无论这种困境对于那些最终了解一切的人们会产生怎样的影响，它都无法阻止在此期间社会科学对于人类问题的解决做出相应的贡献。

[1] 福克奇（M. D. Forkosch）所编的 *Political Philosophy of Arnold Brecht*（1954）一书中阿诺德·布莱希特（Arnold Brecht）的 "Myth of Is and Ought" 一文（第102~123页）的重要性在于，其坚持了经验知识与价值判断之间的这种相关性，而非文章标题中所暗示的那一主题。See Stone, *Social Dimensions*, Ch. 12, §1, especially n. 1；并试比较 Stone, *Human Justice*, Ch. 11, passim.

* 译者注：斯库拉是希腊神话中吞食水手的女海妖，其守护在墨西拿海峡的一侧，海峡的另一侧是名为卡律布狄斯的漩涡。船只在经过该海峡时只能选择通过斯库拉一侧或卡律布狄斯一侧。

对于"社会系统"的帕森斯式阐释自身就是一个例子。我们已经观察到这一驱动的重要优势,即全面认知一门学科的主题,以及识别其内部的关键点,同时我们也观察到具有相关倾向的法学思想的传染。然而,我们也必须注意在这个方向上过于排他性地挪用智力资源的危险。特别是对于像法律那样(在这一方面,政府、精神病学和经济学可能同样会被提及)需要日常行动和日常选择的议题,系统理论从长远来看很难提供帮助。从这一长远的观点来看,当下的决策通常不能够等待。因此在知识的社会相关性方面,仍然急切地需要大量智力资源来保持与当代社会所产生的特别问题的接触,从而使得在这些分段式的领域中也能够有足够的临时概念化和对于实践调整的智能搜索。我们将在第二章中阐述这一点,并且将在那里指出这一迫切需要之物(desideratum)不仅仅对于实践行动具有重要性,同时对于系统理论化(systematic theorizing)的必要检查——这一检查通过并非基于该目的而精心挑选的实证数据的流入来进行——也具有重要性。

V

在结束这一开篇时,请让我从更为广泛的社会科学关系和社会政策中的价值选择问题，回到已经让法律人和法学思想家们思考了一个世纪之久的相同问题的缩影。因为自从法律人第一次在"司法部"的旗号之下辩论建立政府的某些分支以来，已经有很长一段时间了，这些分支应当关注的不仅仅是正在进行的法律管理，还包括持续评估此种管理在时间上和地点上的适当性，指出司法和社会政策的失误，并提出救济措施。[1]

自从庞德呼吁在普通法国家建立司法部以来，也已经过去将近半个世纪了，他的呼吁将这些迫切的法律需求置于对社会科学数据的更多使用的需求方面。他呼吁一种建设性的法律事业（constructive lawyership），这种法律事业受到霍姆斯所称的"统计学家和经济学家"的指导。[2] 自那时以来发生了三件事。第一件事（不管出于什么原因）是人们已经清楚地看到普通法国家还没有，并且也不太可能将前述的任务集中在综合性的"司法部"之中。第二件事是这些任务的各个部分在不同的新旧机构之间被零散、但经常是有效地予以分配。立法研究机构、

---

[1] Roscoe Pound, "Anachronisms in Law" (1920), 3 *Journal of the American Judicature Society*, 142ff., 147.
[2] Holmes, "Path of the Law", 收录于他的 *Collected Legal Papers* (1920), 第167、187页。

立法委员会、法学院的立法研究服务和法律修改委员会纷纷成长起来,它们可能也会考虑到堆积如山的931卷的美国成文法(American statute law)——立法者在1952年至1953年期间又新增了29 938部成文法。法官们依靠他们的规则制定权在司法委员会中将自己组织起来,并开始接受"司法行政机构"的服务。专家机构、咨询和执行机构已经成为现代立法和行政、政府中不断增长的一个部分。仅在英国的中央政府中,在1958年就有不少于850个这样的机构,其中三分之二的机构是专门化的——绝大部分是在社会科学领域,这一数字还没有包括那些临时或特设的机构。多种多样的职务——例如监察专员(Ombudsman)或者议会专员(parliamentary commissioner)以引导和调查对于法律程序的批评。在美国联邦政府的支持之下,已经开始努力建立定期的"行政会议"作为不断涌现出来的众多行政机构开展研究、相互咨询和逐渐发展的渠道。第三件事——这也是我们在这里所关注的问题,很明显在为司法提供服务过程中所包含的许多稳定重复的任务涉及范围广泛的非法律专业知识和复杂问题,对于处理这些任务的人员来说,他们经常没有足够的时间来应对这些专业知识和复杂问题。

最后这个事实逐渐导致了方法进路中的某种变

第一章　法律与社会科学位居何处

化，这一变化是由那些更有思想的法律改革学生所引领的。赫塞尔·英特玛（Hessel Yntema）早在1934年就呼吁旨在处理改革任务的"法律研究机构"全面致力于"对司法行政的基础性和持续性审查"。[1]随着世纪中叶的临近，不仅仅是庞德，就连深度专业、阅历丰富的阿瑟·T. 范德比尔特（Arthur T. Vanderbilt）[2]也得到了专业人士的一些认可，（后者意识到）现代法律已经变得"庞大而复杂"，它只有通过"向政治、社会和经济科学"以及"哲学"借鉴真理，才能够保持"内容上的至关重要、操作上的富有效率和目标上的精准无误"。[3]此种观点已经融合在当下的趋势之中，这一趋势旨在将法学研究推进成为一个中心目标，不仅要通过资金的投入来强化和拓展法学研究，还要通过将法学院的工作与富有经验的律师和法官们，以及相关社会科学领域

---

[1] H. E. Yntema, "Legal Science and Reform" (1934), 34 *Columbia Law Review* 207, 226.

[2] 两人多年以来都着力于表达这一理念。关于后期的表态，参见 A. T. Vanderbilt, "The Law School in a Changing Society: A Law Center" (1946), 32 *American Bar Association Journal* 525, 528; Roscoe Pound, "A Ministry of Justice: A New Role for the Law School" (1952), 38 *id.* 637-640, 703-705. 试比较格里斯沃尔德（E. N. Griswold）院长于1962年6月22日在俄亥俄法律中心（Ohio Legal Center）落成典礼上的演讲。

[3] 社论, "The Law Center" (1946), 32 *American Bar Association Journal* 569。Cf. Arthur Nussbaum, "Some Aspects of American 'Legal Realism'" (1959), 12 *Journal of Legal Education*, 182, 190-191.

的专家们的努力联系在一起来实现这一目标。

一个急切的驱动是使"法律中心"成为那些活跃在法律改革中,或公共或私人的各类机构的重要辅助者,甚至可能是一个"发电厂"。[1] 除了那些更为长期的咨询之外,这样的中心可能会在它们的完整背景之下处理行动中的法律的特定方面。其中为人所熟知的例子有纽约大学的司法行政研究所(Institute of Judicial Administration)、哥伦比亚大学的"为了更有效的司法"计划(Project for More Effective Justice)、哈佛大学的公民自由研究所(Civil Liberties Research Bureau)、加州大学伯克利分校的法律和社会中心(Law and Society Center)。[2] 范德比尔特后

---

[1] 试比较由赫伯特·韦克斯勒(Herbert Wechsler)教授主持的一项为期10年的、以一部模范刑法典为目标的计划。由法律人和社会科学家所组成的一支团队,通过利用源自许多相关社会学科的知识体系,作出了认真的努力,与此同时他们也考虑到了法律责任和惩罚中所包含的特殊问题。

[2] 加州大学伯克利分校的中心设有研究诉讼当事人、律师在诉讼中的角色,以及法院在其社会环境中的项目。哥伦比亚大学的计划开展了大量有关法律专业以及诉讼的速度和效果的研究,例如 Maurice Rosenberg and M. I. Sovern, "Delay and the Dynamics of Personal Injury Litigation"(1959), 59 *Columbia Law Review* 1115-1170; Maurice Rosenberg and Myra Schubin, "Trial by Lawyer: Compulsory Arbitration of Small Claims in Pennsylvania" (1961), 74 *Harvard Law Review* 448-471; M. A. Franklin, R. H. Chanin and Irving Mark, "Accidents, Money, and the Law: A Study of the Economics of Personal Injury Litigation" (1961), 61 *Columbia Law Review* 1-39; Maurice Rosenberg and R. H. Chanin, "Auditors in Massachu-

第一章 法律与社会科学位居何处

期的结论对于确保相关数据有效流动的可能性给予了相当大的希望（我们相信这是正确的），这些数据来自这些法律中心向那些与监管和改革直接相关的机构（例如司法委员会、立法委员会和起草办公室、法律改革委员会，以及行政程序办公室）所提供的持续而广泛的研究活动。

即便在美国，这仍然是一场有限的运动。然而英国也在20世纪30年代正式承认了法律研究的必要作用。伦敦在那时建立了一个高级法律研究所（An Institute of Advanced Legal Studies），同时又在剑桥（在20世纪40年代）建立了一个刑事科学研究所（Institute of Criminal Science）。[1] 我们可以补充的是，发展这些法律中心的措施各有不同的来源。纽约市律师协会与全职工作人员合作所取得的令人瞩目的成绩表明，即便远离大学和法学院，核心活动仍

（接上页）setts as Antidotes for Delayed Civil Courts" (1961), 110 *University of Pennsylvania Law Review* 27-56. 除了前文所提到的纽约大学司法行政研究所之外，最近在科罗拉多州的丹佛大学也新成立了一个初审法官研究所（Institute for Trial Judges）。试比较芝加哥大学的陪审研究，Stone, *Social Dimensions*, Ch. 1, n. 104a.

〔1〕 有关一众杰出贡献者（包括 A. L. Goodhart、Lord Denning 和 G. L. Williams）对于英国立场所作出的普遍描述，参见 *Law Reform and Law-Making*（1953）。

然可能繁荣发展。[1] 也有富有价值的措施是来自基金会,[2] 一段时间以来,一家美国律师基金会正在准备进入到这些研究领域之中。

将服务于法律和司法的持续需求的任务转化为这些现代化和多样化术语的过程,不应当掩盖所需的真实比例,以及相关人员所付出的巨大代价和奉献精神。但是,我们对他们的表现进行了制度化,除非政府能够提供所需要的绝大部分资源,否则它将无法达到一个足够的水平。与此同时,有三个方面的考虑因素可能会强化前进的意愿。其一,与我

---

[1] 其报告的主题包括纽约法院的行政管理(1954)、纽约市法院中的儿童与家庭(1954)、联邦忠诚保障计划(1956)、公正的医学证词(1956)、旅行自由(1958)、联邦服务中的利益冲突(1956),以及一项有关机动车事故索赔的研究(1962)。参见,例如 R. B. Hunting, "Payment for Accident Victims: The Claimant's Eye View" (1961), 33 *New York State Bar Journal* 81-96.

[2] 最近成立的 Walter E. Meyer 法律研究所(纽黑文)致力于推动法律研究,已经资助了程序(C. Hazard)、信托和信托税(T. F. Hogg)、反垄断法和合同(L. Lipson)、刑法(G. Muller)等领域的法律研究。研究所主任 R. S. Brown, Jr. 资助了最近引人关注的"法律研究前沿"("Frontiers of Legal Research")研讨会(参见"Legal Research"),以致力于推动跨学科的交流。就相关的目标而言,宾夕法尼亚大学在20世纪50年代中期成立了国家心理健康项目研究所(National Institute of Mental Health Project),供在法学院中讲授刑法、家庭法和证据法的精神病医生参与其中。

们在自然科学和技术研究中理所当然投入的物力和人力资源相比,我们在此处所承诺的资源投入仍然是微不足道的。其二,"虽然在过去的时代中文明在没有科学的情况下存活了下来,但是从来没有哪一个文明能够在没有与独特需求相适应的法律体系的情况下存活下来"。[1] 其三,除非我们在这里取得了进步,否则即便是对于普通法最为强大的信念和自豪也无法确保其在我们这个充满了挑战性的不利条件的时代中的成功前景。

最后,我们需要观察到,虽然过往的此种背景之下的法律研究拥护者绝大多数都在针对特定问题的计划方面设想了任务,但是这一方面很可能只会成为所需的一个部分(尽管是一个重要的部分)。对于目前迫在眉睫的法律秩序中的一些主要问题而言,那些作为先行知识体系的社会科学和法律调查,都将会越来越需要寻求理解整个关系的工作秩序,以便确定在其中进行调整的关键点,而非那些针对临

---

[1] A. T. Vanderbilt, *The Idea of a Ministry of Justice Considered and Its Functions Distributed* (1955, 32; 也印为 "Address by Chief Justice Vanderbilt" (1955), 78 *Report of New York State Bar Association* 152)(以下引用为 *Idea of a Ministry of Justice*)。

时疗法的特殊麻烦点。另一方面，有关工作的社会秩序应当如何被理解，以及其关键点为何之问题，是一些在不同的国家之间答案差异可能很大的问题，特别是对于那些处在不同发展阶段的国家而言。因此，不管我们采取什么样的计划，可能都需要欠发达国家在慎重思考对其发展阶段而言究竟什么才是重要问题的情况下采取不同的进路和假设。[1] 然而，所有这一切仅仅只是一个基本原则的实践基础，即对于法律研究主题的提前编目并不是问题的全部。许多决定性的知识很可能来自对于地区的调查，而选择这些地区的理由基本上等同于调查者的利益。[2] 在任何一个层面上，最为重要的需求都是通过提供物质手段，招募和确保那些具有必要水平的人员的奉献精神，并且保证自由和持续调查——这将维持

---

[1] 在政治理论方面，G. A. Almond 和 J. S. Coleman 已经在 *The Politics of the Developing Areas* (1960) (以下引用为 *Developing Areas*) 一书中开展了相关工作；对于一些可能需要加以考虑的特殊方面的样本，参见 Stone, *Human Justice*, Ch. 9, §§9-13; 以及 Stone, *Social Dimensions*, Ch. 2, §§13, 17, and nn. 22, 38; Ch. 3, §4; and Ch. 4, §5.

[2] 这是法兰克福 (Frankfurter) 大法官于 1955 年 4 月 28 日在伊利诺伊哈佛学会所作演讲的一个主题。

第一章 法律与社会科学位居何处

坚定的奉献精神——的条件。[1]

---

[1] 参考布鲁金斯学会 Research for Public Policy（1961）中的一些主题，特别是其中彭德尔顿·赫林（Pendleton Herring）和莫顿·格罗津斯（Morton Grodzins）的部分。格里斯沃尔德院长于1962年6月22日在俄亥俄州法律中心落成典礼上的讲话中也从法学院研究的角度对这些一般观点表示了赞同。加西亚（Alfred de Grazia）和鲁滕伯格（C. L. Ruttenberg）("Innovators in the Study of Legal Process," in "Legal Research," 48-51）最近尝试调查了能够在法律和社会领域开展创新性工作的人员。他们列出了一份包含254人的清单，除了法律领域之外，这些人还来自政治学、社会学、哲学、精神病学、历史学、经济学、统计学、调查研究方法、人类学和犯罪学等多个领域。这份人员清单主要由美国人组成，尽管其中也包括了少数英国学者，例如格鲁克曼（M. Gluckman）、托尔敏（S. Toulmin）、哈特（H. L. A. Hart）以及本人。他们显然对这份清单的价值缺乏自信（see p. 50），并且认为人员之间的组织混乱和沟通不畅是比人员短缺更为严重的问题。针对清单中列举出来的许多人，我们想要补充的是，正如"独燕不成夏"，他们的精彩作品也不必然意味着其本人就是真正具有创新性的人员。此外，任何在盖洛普民意调查的基础上对法律过程研究中的创新者加以认定的尝试（参见 de Grazia 和 Ruttenberg, "Innovators in the Study of Legal Process," in "Legal Research," 48-51）显然都是危险的（在此种认定中，创新者同时也是认定者）。想要知道什么是创新，认定者应当清楚他的兴趣在法学和行为学学习脉络中的定位。但是前述254人清单中的一部分人显然不符合这一点，由此导致的结果（其中的一个方面，见 Stone, *Social Dimensions*, Ch. 1, n. 53a）在加西亚和鲁滕伯格博士看来无疑会很怪异，即清单中被评为"最具有创新性"的10个人显然从未读过其他创新者的作品，这就好比先锋派诗人读了莎士比亚，却没有阅读彼此的作品（see *id.*, 50, 52）。

第二章　法律与社会科学边界中的
　　　　　　计划与运动

I

早在 1912 年，罗斯科·庞德就以这种情绪为普通法国家中的社会学法学制定了一系列实践目标。[1]这一计划在当时强有力地提醒了法律人注意法律与社会之间的关系，此种关系既体现在方法论的层面

---

[1] Roscoe Pound, "Scope and Purpose of Sociological Jurisprudence" (1912), 25 *Harvard Law Review* 489, 513, 516. 庞德教授在 1943 年仍然认为可以将其视为一个计划（*Outlines*, 32 - 35）。对比 1953 年 Arnold M. Rose, " Problems in the Sociology of Law and Law Enforcement," 6 *Journal of Legal Education* 191. 相关评论参见 Julius Stone, "Roscoe Pound and Sociological Jurisprudence" (1965), 78 *Harvard Law Review* 1578 - 1584；以及（更为详尽的版本）"Law and Society in the Age of Roscoe Pound: A Memorial" (1966), *Israel Law Review* (forthcoming).

第二章 法律与社会科学边界中的计划与运动

上,也体现在法律的调整和失调方面的特殊问题上。如果我们从有条理和完整的表现方面对这样一个计划进行评估的话,那么即便是在本书作者写作《法律的领域与功能》的1943年,似乎仍有必要惋惜这一虽然非常迫切但基本上没有被执行的计划。但是,从1963年的角度来看,这已经很明显是过于悲观的了。

因为首先,在过去的20年中,即便是在相对保守的英式民主政体中,我们所关注的这一领域的势头和范围也在不断扩大,这将早先数十年间的方法论争议和实践犹豫置于一个更为有利的状态。其次,同样很明显的是,以前被认为是与社会学院尤其相关的兴趣方向,现在已经被所有严肃地关注法律之理解或修改的人所共享。在多大程度上可以将这一趋势归功于已有半个世纪历史的社会学计划本身,我们无需作出任何最终的判断,尽管很明显的是它在某种程度上确实是如此。当然,这也受到了如下因素的影响:社会变革所带来的压力、在此种压力之下法律干预范围的扩张,以及经由政党政治的组织和竞争而被要求更加有效的选举需求。而且(这恰好是目前的问题点)我认为在此刻,以一种不同于对正在进行中的法律活动进行抽样的程序架构的方式,来引入法律与社会研究中的实践问题,会显得斧凿痕迹过于明显。

其他特定的考量因素强化了以此种方式进行观点调整的需要。其中之一在于，社会学法学和其他所有人类思想的迸发产物一样，其本身就是一个时间和空间的产物，并且其早期的范围和要旨部分地受制于此。在第一次世界大战之前，当社会学法学的工作在美国发展起来之时，社会立法的开端和联邦对于经济制度及其稳定和进展的积极态度，仍然在为其正当化而奋斗，它们所面对的是多种多样的社会和经济意识形态、普通法在传统上对于成文法的敌意、对于国家权利的嫉妒，以及被约翰·奥斯丁（John Austim）在英格兰的追随者和欧洲大陆上的潘德克顿主义者们所共享的概念主义和逻辑主义。被制定法认为是违宪的社会弊病往往是一种严重的反应，其会随着不断加速的工业和经济变革而加速，调动联邦贸易权力以对抗经济弊端也会是如此。

更为一般化地来陈述这一问题，法律在面对其当代任务时所表现出来的不适应和不充足，给了早期的社会学法学一个压倒性的积极驱动，这一驱动——即便它以一种一般化的方式表述自己——事实上指向了针对法律秩序的所有特定默认设置的临时救济。即使是在今天，这一领域中大量的工作仍然维持了此种性质。因此理所当然的是，这样的一

第二章　法律与社会科学边界中的计划与运动

个计划被认为是无穷无尽的,即便在一个世纪的工作之中,它的未能实现也是当然的。在这个意义上,这一计划过于雄心勃勃,因此它仍然有可能要向失败负责,即便是在该计划已经为法律和针对法律的态度贡献了巨大的变化之后。同其他类型的工程师,特别是一个现代城市的交通工程师一样,庞德的"社会工程师"肯定是一个忙碌的人,不管项目已经完成了多少,工程师依然远远落后于他的工作进度。

最后,现在似乎比 1946 年时更为清楚的是,那些触及法律与社会关系的思想和行动的运动,只要它们进入到与其他社会科学更加富有成效的接触之中,它们就必须更为强调在复杂的统一体中认识社会和经济秩序的重要性。即便它们一心想要通过法律行动来对特定的罪恶进行诊断和治疗之时,依然会是如此。经济学的思想已经开始着手处理由经济波动所导致的人类痛苦问题,其处理方式是通过控制一个**被理解的**经济秩序中的关键点,而其本身又在一个更加综合的社会秩序中被制度化地构建。当代的社会学思想——正如我们很快会在帕森斯后期思想所体现出的抱负中看到的那样,得到了良好的阐述——在寻求一个能够接受社会数据的思想框架,这将允许我们把"社会系统"视为其中所包含的价值与制度所组成的众多操作系统的一个整体性均衡。

无论帕森斯式的努力在这一方向上会面临什么困难，由于许多引发了社会学法学初始计划中激进主义的更为基本和明显的法律失调已经得到了纠正，我们相信在其中会出现一些相应的视野变化。

事实上，变化可能已经开始发生。例如，当议价能力的严重不平等使得自由的滥用变得可能之时，我们不再因为干预契约自由的问题而感到困扰。立法者针对一些特定的关系——例如房东与租户，或者出借人和借款人之间的关系进行了立法，通过此种专门的方式，前述问题得到了解决。此外，我们越来越多地被如下这些相对较新并且分散的问题所困扰：工会对于非成员所使用的压力、对于竞争对手和消费者的资本集中压力、青少年和城市地区犯罪行动的稳步增长、日益扩张的大都会中交通拥堵的缓慢瘫痪、司法行政管理的长期拖延，以及资本劳动关系、休闲习惯和教育体系在自动化时代的调整。

对于西方民主国家的未来而言，这些是更为典型的需要采取法律行动的领域。毫无疑问，一些问题将会继续被提出，因为早期社会学法学所采取的专有进路——其对于那些显而易见的法律失调问题点进行了直接攻击——是恰当的。但是，未来的社会学法学家也需要通过大量努力来理解更为广泛的社会背景，从而解决他所面临的典型问题，他需要

第二章　法律与社会科学边界中的计划与运动

通过现有的社会知识来寻求可以有效作出调整的行动系统的关键点。事实上，这也不太可能是那种与社会学法学的过往目标的某些方面差异极大的发展。其中的一些问题，例如应当基于一个稳定的制度性基础，去提供立法前任务所必要的专业知识之需求，与广泛的认知任务相关，一如它们与法律激进主义的特定任务相关。[1] 对于那些更为基础并且更有意义的思想范畴的探寻同样也是如此，这样的探寻已经在法律执业者和法院的任务之中——例如在人身伤害赔偿法、危险动产与操作责任法、反垄断法、经济协会法以及一系列其他的法律之中——制造了源源不断的危机。同时，威拉德·赫斯特在社会和经济的法律史领域所作出的令人印象深刻的当代工作[2]，在很大程度上也是在探寻那些从实证的历史数据中获取的思想范畴，这将有助于在时间的维度上把法律现象和非法律现象之间的相互作用纳入理性的顺序之中。

---

[1] 这可能是尝试证明存在一种自主的法律"社会学"或法律"社会科学"背后的驱动力的一部分（尽管是错误的一部分），正如提马舍夫（Timasheff）、凯恩斯和古尔维奇（Gurvitch）等人所做的那样。参见 Stone, *Social Dimensions*, Ch. 1, §§7-8.

[2] See J. W. Hurst, *The Growth of American Law* (1950), *Law and the Conditions of Freedom in the Nineteenth-Century United States* (1956), *Law and Social Process in United States History* (1960), and *Law and Economic Growth* (1964).

II

当然，在一个重要的程度上，所有科学——包括社会科学在内，都将探寻更为基础和更有意义的范畴作为自身的核心关注。当然，现代社会科学已经远离了任何对其任务的单纯分类学视角。它所关注的核心问题已经变成将社会秩序视为一个功能性的统一体，即便社会成员的数量众多，成员间关系的构成性要素存在明显的混乱，以及出生、死亡和其他生物学事件在持续不断地改变着成员资格这一事实。在成员社会角色的表现理论以某种方式作为所有可能的解释之中的核心，在人类学家和社会科学家之间得以分配之后，他们中的绝大多数现在已经接受了这一理论。角色理论在帕森斯的社会学中具有和在令人惋惜的纳达尔卓越的人类学工作中相当的重要性；[1] 并且现在也依然如此，尽管我们需要避免将这一理论的技术含义与"角色"一词在其

---

[1] 关于帕森斯，参见 Stone, *Social Dimensions*, Ch. 1, § § 4-6。同时参见纳达尔的 *The Theory of Social Structure* (1957) 的最终版本（以下引用为 *Social Structure*）。

第二章 法律与社会科学边界中的计划与运动

他语境中的戏剧性和文学性联想相混淆。[1]

纳达尔指出，角色概念的重要价值在于它为"社会"和"个体"之间提供了一个概念中介，从而促进我们理解个体行动何以能够变成社会行动，以及个体的品质和倾向何以能够成为社会规范和价值。显然，对于所有的社会科学以及理解与社会相关联的法律而言，此种转变（transition）与转换（translation）的领域都极为重要。因为很明显的是，社会在某种程度上依赖于各种行动的持续性，包括制度或者制度化的行动、关系与分组模式。角色的概念允许我们将这种复杂的情况分析成更精确的构成任务、目标、期望、权利和责任，以及其他要素；正如它让我们看到的那样，社会功能是如何在掌管该功能的个体总是在逝去的情况下维持下去的，以及个体在社会过程中的角色方面是如何可能成为一个多元的单位的。

由此，角色概念最终成了一种对社会中的一致性（uniformities）——这并不仅仅是指那种物理学研究意义上的一致性——进行思考的方式。但是理所当然的，一个特定社会中特定角色的特征需要以实

---

[1] See Nadel, *Social Structure*, 22，在谢里夫（M. Sherif）和威尔逊（M. O. Wilson）主编的 *Group Relations at the Crossroads*（1953）一书第36页中对纽康伯（T. M. Newcomb）进行了讨论。

证的方式被发现,并且具有相当普遍性的是,有待被寻找的经验证据包含了三种相互关联的类型。第一种是反映了任务的特定属性与其表现的模式化并发(patterned concurrence)的频率和规律性的证据,它为角色系列提供了一个统计学"常态"的基础。第二种证据包含了人们(基于某种原因,他们的观点是可信赖的)明确的趋同式陈述,这些陈述针对那些与给定他们的角色相适合的属性。纳达尔很好地观察到了,这些证据"全部都是价值判断,暗示着被确信或者被期望的'常态',由此常态也得到了编码"。第三种,也就是有关特定社会中具体角色之特征的证据,它可以从社会秩序的各个部分支持角色的实现并阻止其偏离的方式,特别是其制裁机制是如何以及何时运转的方式中被获取。但是当然,具体的角色也会发生变化,从而使证据产生混乱。在某些时候,那些仍然承认自身角色规范的偏离者,可能会转变成支持已改变规范的不顺从者,如果他们足够持久并且数量足够多,那么相应角色的规范属性可能最终会被视为已经改变。[1]

此外,那些给予特定的具体角色以精确性的经验证据也在提醒我们关注一个特定社会要求去执行

---

[1] See Nadel, *Social Structure*, 20ff., 47ff.

第二章 法律与社会科学边界中的计划与运动

的任务或者功能，换言之，这些证据在告诉我们特定的社会如何选择投入其所拥有的各类资源。在使用这些资源的角色或者角色综合体需要由社会成员填补的情况下，角色概念对于理解将社会成员分配至需要执行的任务和功能（的过程）也是至关重要的：这实际上意味着社会成员在不同角色之间的分配。同时，在某些角色比其他角色更被人期望或者更为可欲的情况下，这也导致了对于特定社会系统所承认的特定角色的各种资格标准所进行的调查和理解。在将这些人们的能力和其他社会资源分配至选定的任务与功能的过程中，还隐含了如下事实：从一个人到一个角色的分配过程，同时也是为了履行该角色而将相应的资源和能力分配给这个人的过程。这些能力可能是物理上的能力。但是它们也会延伸至其他的、在广义上被理解为权力的能力。其中包括了财富，也就是可以被用于奖励合作，并且作为一种获取进一步能力之方式的经济资源；以及能够激活或者呼吁全社会的集体支持的权力，这种集体支持要求其他人为了实现行动者的目标，以积极或不干预的方式参与到合作之中。[1]

---

[1] See Talcott Parsons and E. A. Shils, eds., *Toward a General Theory of Action* (1951), 198ff. （以下引用为 *Theory of Action*）。同时参见 Stone, *Social Dimensions*, Ch. 13, §§1ff.

III

提出一个我们可以从中看到从社会的结构和功能中产生的行动与理念彼此之间关系的框架，这当然不是要描述任何特定的社会，更不用说解决这个社会的问题了。但这可能是迈向解决这两个任务的重要一步。我应当利用帕森斯在1952年出版的《社会系统》一书中所提供的框架，这并不是因为它可以在任何意义上被视为一个终极的框架，更不是因为它超越了各种批评，而是因为它能够被视为一个聚焦在社会角色概念之上的现代社会学理论化的范本。从法学的视角出发，我应当对它作出重要的批评。这个框架很好地成了这样一个理论化的范本，这并不仅仅是因为其雄心勃勃的风靡之势，还因为它寻求去适应实证研究的结果——这些研究涉及该框架内部产生的社会生活与功能的事实，以及那些与在社会系统中得到表达的需求和价值相关的非实证调查的结果。在这个框架对于现有的社会学和法学视角的重要方面所进行的重述（人们并非总能意识到这是一个重述）中，它对于法学理论有着特殊的兴趣。例如，关于人们事实上的主张的含义与重要性，关于群体意志、犯罪行动和报复的含义，更

第二章　法律与社会科学边界中的计划与运动

不用说社会-伦理信念和权力相互趋近的趋势，一个社会的法律秩序可能是这种趋势的一个主要表现形式。

我已经提到了一种关键概念，这种概念目前在对于社会结构与功能的系统性视角中颇受欢迎，它将多种多样的个体和群体的需求、要求与态度之间的相对有序性（comparative orderliness）解释为社会成员所分配、接受与旅行的社会角色。作为一个自然（心理学和物理学意义上的）实体的个体，有时会在社会秩序中将自己呈现为一个统一体，这个统一体可能会参与到整个社会的决定之中，但更为通常的情况是，他会将自己呈现为一个地位-角色束（bundle of status-roles），其中包括了父亲、市政选民、产业工人、租户、供应商、购买者以及其他上百个角色。[1] 只有其中一些角色能够在任何特定的社会行动中都发挥作用，其他的一个或更多的角色则可能会在个体完全保留其剩余角色和其作为一个个体的整体性格的情况下被丢失。[2] 虽然在理论上，个

---

[1] Talcott Parsons, *The Social System* (1951), 5, 26.
[2] 在这个非常困难的连词中，帕森斯指的似乎是"需求"，因为它们可以从有机体的实际行为趋向中推断出来，并且表现出一种尽管不适应给定的社会环境但仍然在其中寻求满足的倾向。其背景是同穆雷（H. A. Murray）的研究相关的人格概念。参见 Murray, W. G. Barrett, Erik Homburger, et al., *Explorations in Personality* [1938，特别题献给弗洛伊

体的行动可能建立在其个人的需求-倾向之上，但是在社会过程之中，这些需求倾向会在一个源自他人的预期反应系统之中被规训。这一预期反应系统会围绕着那些定期需要被解决的任务对自身进行阻止。一个人所扮演的角色源自对分配给他的特定任务的承认。每一个角色都会带有针对承载该角色的人的能力，以及其他人对于这些能力之行使的反应可能性。而其他人的可能反应又反过来取决于他们对该角色的期望（即"角色-期望"）。

一个社会在广义人类学意义上的文化传统源自两个相应的过程。一个是角色中的行动选择与角色-期望相互适应的趋势。另一个是此种趋势伴随着一种普遍的语言和符号系统的发展，以便使适应性在时间和不同的个体之间保持稳定。[1]在这个意义上，文化传统涵盖了每个人在各自的多个角色中对于彼此的期望，这意味着一个社会系统包含了一个"强加于"人们以及他们的行动和态度之上的秩序。这也就

（接上页）德、怀特海德（A. N. Whitehead）和荣格（Carl C. Jung）]; M. L. Stein, *The Thematic Apperception Test*（1955，一份临床应用手册）。同时参见穆雷和克鲁克霍恩（Clyde Kluckhohn）主编的 *Personality in Nature, Society, and Culture*（1948，特别题献给帕森斯和其他创建了哈佛大学社会关系系的合作者们）。第5~67页的编辑导读章节提供了一个整体介绍，特别是第14节，其中讨论了"需求-倾向"作为"一个指引了沿着一定路线前进的心理、语言和/或物理过程的矢量（方向性大小）"。

[1] Parsons, *The Social System*, 11.

第二章　法律与社会科学边界中的计划与运动

是说,期望的相互关系,以及角色持有者的满足感对于他人反应的依赖性(还包括了满足角色-期望的义务),都是面向文化传统所体现的秩序。这意味着一个社会系统的三个主要焦点——个体行动者、互动系统和文化模式系统,以及该社会系统之中行动的规范性导向,都在社会行动的概念中被一并理解。进一步而言,这三个焦点中每一个的可变性都受制于该焦点与其他每一个焦点的最小功能条件的兼容性。[1] 因此,"社会系统"是一种包含了系统与子系统的系统,系统的性质呈现在各部分的功能依赖性以及在面对干扰时趋向于平衡的趋势的每一个点之上。在个性的需求-倾向中,这一摆轮具有(就像其曾经具有的那样)剥夺满足感的属性;在社会中它具有相互的角色-期望;而在文化中它具有价值模式,这一价值模式为社会中的角色-期望以及个性中的需求-倾向提供了规范性内容。每一个这样的主系统都具有作为环境的子系统,所有的这些系统与子系统在实际的社会进程中彼此之间相互渗透。为了使其能够继续下去,必须以某种方式去接近目标,对不断变化的环境作出适应,维持一定程度的凝聚力,并将其他次要的紧张态势保持在一个可接受的

---

[1] *Id.*, 27.

水平之上。[1]

这一进路显然偏离了如下观点,这种观点认为一个社会系统之中的合作与遵从应当通过个体独立确定的特征所导致的"自发性"成员行动得以解释。这一进路将社会系统的运作——正如布罗尼斯拉夫·卡斯珀·马林诺夫斯基(Bronislaw Kaspe Malinowski)将欠发达国家中法律的运作——视为依赖于"相对具体的机制,也就是个性的激励系统的组织模式,其可以被理解为与角色行动的社会性结构层次直接相关"。对于自我预期的偏离会建立起他人对于角色-期望失败的反应或者反应可能性,这有可能因此被视为一种内置于系统之中的一致性制裁。角色-期望和制裁在这一意义上是彼此交互的。[2] 一个社会系统的存在意味着此种期望与惩罚之间的互动并不局限于任何特定的他人或者群体,而是会在任何其他的社会成员相对于任何角色承担者的关系中产生;换言之,他们所暗示的角色-期望和价值标准已经在社会互动的过程中或多或少地变得制度化。此外,制度化的期望和价值反过来又在成员的个性结构中被内化。经由此种方式,"一种真正

---

[1] Cf. B. M. Berger, "On Talcott Parsons" (1962), 34 *Commentary* 507–513, especially 507–509.

[2] Parsons, *The Social System*, 38ff. 或许更为严格地说,它们是彼此关联的。此外,严格来讲"制裁"并非表现为角色-期望本身,而是对于有关这些期望的自我表现的一种反应。

第二章　法律与社会科学边界中的计划与运动

的、动机性的行动融合在社会结构之中发生了"。[1]随着此种情况的发展，个人的动机按照比例被加以利用，以便实现角色-期望及其辅助性价值标准。

这一制度化和行动化融合的定理是经由演绎的方式得出的。但是，它提供了一个参考的起点，从这一起点出发有必要（帕森斯认识到了这一点）去经验地阐述相对于模式（认知性、精神性和评价性的）的细节性区别，在这些模式中个体的导向被文化模式的内化所决定。[2]或者，用另一种方式来处

---

[1] Parsons, *The Social System*, 42.

[2] "精神性"导向指的是物体对于自我的意义在于其"满足-剥夺平衡"（第7页），贯注（cathexis）不过是"对于那些令人满意对象的依恋和对于那些有害对象的拒绝"；Parsons and Shils, *Theory of Action*, 5. 或许"满足"（gratification）是最为接近的一个通俗用语。但不幸的是帕森斯本人有时似乎将其等同于"激励的"（motivational）（e. g., *The Social System*, 12），有时又等同于"赞赏的"（appreciative）（e. g., *id.*, 13）。前者的问题在于忽视了帕森斯自己的如下观点，即激励总是包括认知性、评价性和（通常来说）精神性导向（*id.*, 12）；后者的问题在于模糊了贯注和评价之间的区别。无疑，贯注可能是评价的一个主要来源［当帕森斯式的"贯注"被（正如其曾经被）去普遍化时，它将非常接近于托马斯·阿奎那式的"良知"（synderesis），（Stone, *Human Justice*, Ch. 7, §3 中进行了讨论）］。但帕森斯也坚持认为（*The Social System*, 41-42）他主要感兴趣的共同评价"一般来说是习得或者获得的"。正如庞德的"事实上的利益"在某种程度上被文化传统的公认理念所塑造（Stone, *Human Justice*, Ch. 9, §§2ff.），因此（但更为肯定）帕森斯的个人评价主要是由习得的文化传统而非个人贯注所决定的。只要贯注是在这一领域发挥作用，它们就会通过对于服从的需求-倾向来间接地如此作为，"以将其作为引起他人有利反应和避免他人不利反应的条件"（Parsons, *The Social System*, 38），进而被称为"自我理想"（ego-ideal）、自我尊重（self-respect）、"充分"或者"安全"等心理学概念（*id.*, 40）。

073

理这个问题，我们需要看到在文化中被制度化的期望是如何在成员的个体心理中被内化和模式化的。帕森斯尝试通过一些特别困难的术语在细节上进行了这种阐述。[1] 无论如何，他提供了一个示意图，这个示意图是有关"行动-导向模式和类型"是如何与"文化模式和制度"相互关联在一起的。三种主要的动机导向模式反映在三种相应的价值-导向模式和文化模式类型之中，取决于哪一种导向模式在特定的文化中具有优先地位。通过将一个激励模式和与其相对应的文化模式类型相结合，我们可以发现"行动利益"（action interests）的主要类型，也就是说，了解得以确保满足感的调整和得以解决或者最小化冲突的融合。在这一基础上，帕森斯注意到若干"评价性行动导向"的类型，它们或者指向了对于目标（"工具性的"）的追求，或者指向了通过"表演出"需求-倾向而实现的表达，或者指向了行动者或行动者作为成员之一的集体的道德融合。由此所出现的价值-导向模式可能在三种主要类型的任意一种中被制度化。其中包括了：①关系性制度，其将相互的角

---

[1] *Id.*, 57-58. 他显然努力尝试不遗漏任何类型的导向，或者不同导向之间的区别，因为这些在科学分析的任一阶段都可能具有某种重要性。来自韦伯和弗洛伊德的一般性影响是清晰可见的，尽管它们难以被详尽说明。

色-期望定义为诸如独立于利益内容的;②规制性制度（包括法律的和道德的），其为对于"私人"利益的追求的目标和手段设定了限制;以及③文化性制度，其"将义务界定为对于文化模式的接受"，带来了将私人接受转化为制度化承诺的效应。[1]

这样一种为社会研究的指导及其结果的分类提供全面科学参考框架的长期重要性是显而易见的。就法学而言，帕森斯对于涂尔干、弗洛伊德、帕累托和韦伯等已经进入到法学思想脉络的学者们的许多理念的敏锐使用增加了前述的重要性。帕森斯的一些基本观念不应当被法学所忽视，尽管这些观念的形成即便是对于社会科学领域的专家而言也具有理解上的困难。相应地，我们必须从法学视角对它们进行特定的观察。

IV

角色-期望和表现的相互适应、它们对于文化模式（包括价值模式）的适应、文化制度对于此类模式的适应、社会成员的内在动机对这些制度的适

---

[1] 散见于Parsons, *The Social System*, 24-67, 总结部分在第57~58页。

应，以及这些适应之中的完善与组合，上述整个的复杂系统构成了帕森斯社会系统之中的主要动力。帕森斯认为它们同时是其中平衡与变化的源泉，并且他坚持对于他的理论而言，社会变革不是一个孤立的问题，而只是同一个动态适应过程中的一个阶段。[1]

但是，他所关注的是，不要去假定一个社会系统的内容源自该特定社会本身的某些内在品质，从而给予那些受到偏好的适应和威慑类型相对于未受到偏好者的优待。对他而言重要的是：首先，处于压力之下的行动者能够通过一种有序或者系统的方式适应他们的价值和行动导向的机制（他认为其中甚至包括了一种"信仰-系统"）；其次，个体行动者作出这些适应的倾向。这看起来是帕森斯的"需

---

[1] 作为对比，齐美尔（G. Simmel）的 *Conflict*（K. H. Wolfe 译）和 *The Web of Group Affiliations* [本迪克斯（R. Bendix）译]，一卷本（1955）以一种更为神秘的形式，将个体人格和群体，以及群体在更为广泛社会中的互动视为矛盾和冲突的动态过程的持续性产物。休斯（E. C. Hughes）在第9页的前言中将齐美尔形容为"社会学研究的弗洛伊德"。关于群体中互动的相关问题，参见 E. Latham, *The Group Basis of Politics*（1952）。最近的一项有关实验性工作的重要研究聚焦于小规模群体中的领导问题，并试图确定其结果向政治-社会过程的可转化性面临的限制，参见 Sidney Verba, *Small Groups and Political Behavior*（1961），特别是第206~244页，在第251~270页附有近期研究的参考文献（以下引用为 *Small Groups*）。同时参见 Joseph Taubman, "Law and Sociology in the Control of Small Groups"（1959），13 *University of Toronto Law Journal* 23（以下引用为 *Law and Sociology*）。

第二章 法律与社会科学边界中的计划与运动

求-倾向"这样一个并未得到充分解释的概念的含义，这个概念有可能被理解成"基础需求"。这一术语的使用似乎要将"需求"和"倾向"的理念结合在一起，表明个体在任何一个时刻的"需求"都不是坚固地形成的，而是在社会关系的动态网络中被不断地塑造的。[1]

但是，帕森斯被指责在论证时使用了乞题，其涉及一个社会系统就其本质而言是否能够进行激烈的变革。[2] 对于他而言毫无疑问的是，"在一个与相关对象的稳定关系中，一个稳定的激励过程的持续会被视为是没有问题的"。这是因为（他认为）每一个社会之中的个体都会通过平衡过程的方式来逐渐学习他的方式。例如他发现，表现需要同预期的满足感相匹配，并且同他人的反应相适应。这些过程（他承认）会倾向于"抵制变革社会的趋势"。[3] 然而，作为这一相同立场的一个重要组成部分的是，社会学的真正问题在于，尽管存在着所有这些情况，

---

[1] Cf. E. C. Devereux, in Max Black, ed., *The Social Theories of Talcott Parsons* (1961)（以下引用为 *Talcott Parsons*）。

[2] 一个来自社会主义者的视角，参见 A. McIntyre, in Thompson, *Apathy*, 222—225. 他认为帕森斯"被人的决定论形象所淹没"，仅仅研究了社会中那些可以在机械论意义上被查明的面相。同时参见 *id*., 195, 210—227.

[3] Parsons, *The Social System*, 204.

仍然出现了变革的趋势,以及社会系统在限制范围之内保持变革压力的反向趋势。"均衡"[1]这一核心概念意味着,即便这样的变革会发生,也是发生在系统之内,这(如同其曾经做到的那样)仍将维持其边界。这一均衡是一种"移动的均衡"。显然,这里隐含了对于可能的运动的限制,并且这毫无疑问导致了如下的指控:根据该指控,帕森斯为其中任何重大变革的不可能性提供了一个精心设计的合理化说明,由此对现状进行了正当化。

为了分析需求和适应,帕森斯提供了一系列相互对立的特征作为"模式变量"。[2]这些特征所涉及的品质代表了相应的选择,而这些选择会在社会互动的过程中持续地呈现在行动者面前。从理论上而言,每一个对比组的每个成员都可以在给定的情形中与其他任意一组的任一成员结合在一起。而事实上,某些组合会持续不断地反复出现,而另外30多种可能的组合则很少甚至从未出现过。也有人提出过这样的问题,即这些"模式变量"会在多大程

---

[1] See, e.g., *id.*, 36, n.7, 298. 将均衡概念视为一种对于偏离了制度化模式的行为之限制,参见第280页及以下各页。

[2] 即便在 *The Social System* 一书中,他对于这些特征的呈现也是相当不同的。Cf., e.g., 第46~51、58~67页和第101~112页;同时参见 Devereux, in Black, *Talcott Parsons*, 第40~44页。

第二章　法律与社会科学边界中的计划与运动

度上相互重叠。[1] 不管怎么样，随着我们的推进将会变得显而易见的是，其中所包含的对比对于澄清法学问题而言将会表现出巨大的潜力。

1. 情感性与情感中立（Affectivity/Affective Neutrality）。当一个制度是建立在情感性的基础之上时，由此所产生的角色的适当表现会要求行动者使其自己（在他的性格和情感层面）通过某种方式适应于某类人或者某种情形，例如在这种方式中，我们所有人都会很容易理解法律和道德要求我们去适应父母或者配偶。而当一个制度是建立在"情感中立"的基础之上，例如律师和委托人，或者书商和购书者，或者法官和当事人或陪审员，或者警察和市民，对于注意力和情感的承诺就会受到更多的限制和规训。在后面所列举的这些角色中，一种情感性的适应对于角色的适当表现而言甚至可能是不恰当或者造成阻碍的。

2. 广布性与狭窄性（Diffuseness/Specificity）。在行动者的选择中，情感性与情感中立这一组对立经常同"广布性与狭窄性"紧密联系在一起。后一组区别——法律人会由此回想起他们那老一套的对物

---

[1] See Devereux in Black, *Talcott Parsons*, 43. 比较 Berger, "On Talcott Parsons." 对于帕森斯有关这些组合是彼此对立而非彼此连续的坚持。

与对人的区别,转向了行动者的整体人格是或多或少地被无限期地承诺了(在广布性的情形下),还是只有他的部分人格在有限的时间里涉及一个角色关系(在狭窄性的情形下)。就后者而言,极端的情况会是一个女销售员的角色面对一位恰好上门的顾客,而就前者来说,则会是家长与孩子之间的互惠角色,以及一生的挚友彼此之间的关系。情感性和广布性会更为经常地共同出现以强化彼此,替代组合方式可能会出现相应的修改结果。[1]

3. 普遍性与特殊性(Universalism/Particularism)。[2] 前面的这两组对立甚至有可能出现在人际关系——而非作为人际关系发生地的广阔社会——之中,而普遍性与特殊性之间的对立则专门转向了对于整个社会的需求。一个人与其朋友,或者亲戚,或者家庭成员之间的关系是特殊性的。对于这些人而言,不管价值如何,他都会在不同程度上被期待甚至被要求更加偏好于这些人。普遍性的关系则会发生在如下的情况之中:由此种关系产生的角色禁止如上所述的偏好,而是要求将优先性给予能力、诚实、效用、

---

[1] See Parsons, *The Social System*, 129-130. 在情感性-广布性关系中的行动会倾向于产生爱,在情感中立-广布性关系中的行动会产生尊敬,而在情感性-狭窄性关系中的行动则只会产生接受或回应。

[2] See *id.*, 62ff.

第二章 法律与社会科学边界中的计划与运动

美貌，或者其他任何与行动相关的品质。对于一个选美比赛的评委而言，如果他因为一位选手是他的妻子而偏向于她，这会是很不正常的，但是当比赛结束之后，他应当带回家的还是他的妻子。[1]

4. 品质与表现（Quality/Performance）。[2] 依据表现的选择指的是依据表现之预期的选择，尽管这可能是基于过往的表现。与此相对应的则是依据品质，而非依据状态（status）或者被赋予的品质（ascribed quality），出生状态是其中最广为人知的，但它并不是唯一可能的类型。更为静态的社会（基于状态或者被赋予的品质）和更为动态的社会（基于表现）之间的区别当然会是社会学的一个主要研究兴趣。研究者们普遍认识到的是，社会系统通常会同时利用这两个基础来分配角色，尽管在高度工业化的社会中存在着一种表现基础挤压状态基础的趋势。[3]

---

[1] *Id.*, 62. 但这一例子并非帕森斯的。

[2] 相比起帕森斯从林顿（Ralph Linton）的 *The Study of Man*（1936）和 "Status and Role,"（出自帕森斯等人主编的 *Theories*，第202~208页）处借用的"归属-成绩"（Ascription-Achievement），我们更倾向于德弗罗（Devereux）在布莱克主编的 *Talcott Parsons* 一书中使用的这一术语。

[3] Cf. Parsons, *The Social System*, 168ff., 178ff. 然而在另一种意义上，地位-经济地位作为福利国家监管结构的基础，在重要性上有一定程度的增长。See e.g., on "the new feudalism," Stone, *Social Dimensions*, Ch. 3, §4, Ch. 4, §16.

5. 集体导向与自我导向（Collectivity-Orientation/Self-Orientation）。仅仅在表面上同普遍性-特殊性的区别相类似的，是在医生或法律顾问、公务员或政治领导者等角色和那些"自我导向"的角色（例如合同谈判的各方当事人）之间的区别。就前一种角色而言，需要考虑到某些或多或少的广泛集体需求的利益；[1] 就后一种角色而言，其承担者则被预期会关照他自己的利益。

上述这五组对比可以作为"模式变量"，通过参照它们，我们可以更为准确地描述产生自文化——包括法律和制度——的关系。它们并没有完全地揭示决定了社会系统内部过程的"自然法"，而是通过一种清单的功能帮助弥合知识上的差距。如果我们对许多法律分支进行重新调查，例如信托、家庭关系、代理、侵权法中的责任、诽谤中的特权等，它们也有可能帮助改进我们对于法律原则的形成。在法律之中，正如在更为广阔的社会秩序之中，对于那些适用于特定制度或者关系的变量的定型在经验层面上被决定下来。随着这一过程的发生，其他包含在这些变量之中的特征也会显示出来。[2] 如果在

---

[1] 关于帕森斯到目前为止仅有的对于进一步的二分法和短期估价的试探性建议，也可参见 Devereux, in Black, *Talcott Parsons*, 43。

[2] Parsons, *The Social System*, 483.

第二章 法律与社会科学边界中的计划与运动

一个特定的社会之中,某种亲属关系结构占据主导地位,从而导致这个社会主要是基于"品质"或者"状态"而非"表现"被组织起来的,那么在其他许多事项上,系统模式内的变化范围可能会随机地变得更小。例如,面对这样一个社会的法学家可以预期他所看到的狭窄性-特殊性-自我导向式关系(例如契约自由的权利和实践)受到相对的限制,他也可以预期商业活动并不会处于一个很高的水平。通过在社会中对这些变量中的某一些加以固定,一个法律秩序的其他特定特征的存在也许会因此变得更为可能。在帕森斯个人的观点之中,这整个机制严格而言并不是一个理论,而更像是一个"范式"或者模型,用来提示我们还应该去寻找什么。由此使得我们得以避免完全随机地寻找重要性的风险,这样的情况在许多社会达尔文主义的倡导者们对于"自然选择之法则"的搜寻过程中极为常见。[1] 简而言之,当我们已经在特定的时间和地点对这些变量中的某一些进行了经验层面上的固定之后,我们通常也就已经决定了这个社会的其他特征——这些特征通常被认为是伴随着或者依赖于这些变量的。

---

[1] *Id.*, 484ff.

V

帕森斯的理论所使用的简练而复杂,同时又极为小众的语言[1]不应当掩盖如下的事实,即其中的大部分可以被分解为6个左右的基础简单概念。第一(可以说),人类的大量社会行动是目标导向的。第二,社会行动已经被充分地模式化,从而使得我们可以在系统方面对其进行分析。第三,人类的象征化命令使其能够从经验中加以概括,并经由时间对行为模式加以稳定,这是模式的制度化所意味的本质。在这第三点中暗示了,简单的刺激-反应解释——在此种解释中意义取决于特定的情形——并不足以解释高度复杂的行动系统。相应地,象征化并不仅仅是社会生活的装饰或者怪癖,而是一种达成一定程度的抽象、并且摆脱社会行动及其解释中的特殊性的手段。第四,人类行为是部分地受价值标准导向所指引的。第五,行动-系统代表着有机、文化、人格与社会系统之间的"妥协"而非"完美结合",正如富有动力的行动者会努力去应对一个环境中生存

---

[1] 通过精读帕森斯的社会学者同伴们为布莱克的 *Talcott Parsons* 一书所撰写的文章,就足以看出他们所感受到的这一理论的重要性和困难性。

第二章 法律与社会科学边界中的计划与运动

的紧急状况。[1] 从一个更为常识化的层面而言，还可以补充说，当我们与他人打交道时，我们必须并且通常也会考虑他人对于我们的预期，在人们的行为方式中存在着持久的模式。

布莱克（Black）教授在添加最后这几个以及其他一些解释[2]之时曾经怀疑过，"基础的社会理论是否有可能如此贴近于常识"。但这一问题很显然是修辞式的。因为没有什么理由来说明，为什么通过经验方式习得的常识准则，在经过了进一步的测试和完善之后，不能够以恰当而精细的术语，为进一步的经验知识的积累和系统化框架提供支持。这在一般的社会学领域和法学领域中都是如此。[3]

从后一个视角出发，我们发现一个令人遗憾的情况，这一令人瞩目的对于社会系统的性质和结构的理论化如此地忽视了法律人的法学（有时甚至是常识性）知识。不管是在法律人自己的主要工作中，还是在最近涉及这些问题的引人关注的学术讨论中，我们都没能看到来自法学这一方的贡献能够哪怕在

---

[1] R. M. Williams, in Black, *Talcott Parsons*, 93; cf. Parsons, *The Social System*，特别是有关象征化作用的第11页。

[2] Black, *Talcott Parsons*, 279.

[3] 尽管如此，伯格（Berger）在 "On Talcott Parsons," 的第510~511页中指出，由于 *The Social System* 一书所提供的方法，后续的研究活动相对较少。

其现代社会学重点的任何一个部分中发挥作用。然而,只有在社会研究的少数领域中,像社会控制和渐进式社会变革的机制,或者制度化预期、价值导向和妥协过程的系统的概念,以及系统和均衡本身的概念这些问题才长久地得到了讨论。

例如,帕森斯对一个社会系统进行了观察,发现由于其"是一个行动者之间互动过程的系统,因此参与到这一互动过程之中的行动者之间的关系结构在本质上才是社会系统的结构"。[1] 如果我们把"社会系统"替换成"法律秩序",我们将会得到一个并行的基本陈述,所有的法学家乃至于绝大多数的法律人都会立刻意识到这一陈述不仅是真实的,甚至是司空见惯的。在其他任何思想体系之中,惩罚(包括社会心理学意义上的惩罚)的地位也都是最核心的。关于角色-表现的概念必须指出类似的一点。帕森斯试图将他对于制度和角色-期望的关系性分析建立在他视为是"关键概念"的"劳动分工"的基础之上,后者是由亚当·斯密及其在功利主义尤其是经济学理论方面的继承者们所发展出来的。当然,这一概念在事实上是一个基础的法律概念。需求正当性的整个概念——其依赖于如下这些特定

---

[1] Parsons, *The Social System*, 25.

第二章　法律与社会科学边界中的计划与运动

的角色关系，例如封建领主和君主、房东和租客、卖主和购买者、抵押人和抵押权人、主人和学徒、受托人和信托受益人、终身地产保有人（life tenant）和归复地产权人（reversioner）、丈夫和妻子——对于普通法的古典世纪而言具有核心地位，现在这一概念已经有了一个显著的复兴和蜕变，以便应对那些现代的在经济上以复杂的方式被组织起来的民主政体的问题。[1]

由于社会科学家和法学家之间缺乏沟通所导致的牺牲互利的最显著例子，可以在帕森斯处理家庭，特别是处理家长-孩子关系的某些方面被发现。[2] 帕森斯很自然地在家庭中发现了极佳的例子用以描述角色和稳定期望之间，以及价值-导向和锚定在其中的动机之间的关系（在这里使用了情感性、广布性和特殊性等术语）。当然，它还在没有任何基于预期表现的标准的情况之下，提供了能够归属于（父亲和母亲）角色的最佳例子。这也是一个极富启发

---

[1] See, e.g., Stone, *Social Dimensions*, Ch. 3, §§8ff.

[2] Parsons, *The Social System*, 133ff., 155-156, 171, 187, 207ff., 503-504, 510-512. 同时也可参见 Talcott Parsons and R. F. Bales, *Family, Socialization and Interaction Process* (1955)，尽管不是关于以上方面的。关于帕森斯在澳大利亚有关家庭的研究中的影响，参见 M. S. Brown, in A. P. Elkin, ed., *Marriage and the Family in Australia* (1957), 82-114. 同时参见 Stone, *Social Dimensions*, Ch. 6, §§7-10.

性的显著例子，涉及一个即便是在相对稳定的较大社会系统中也会发生变化的子系统。其中的变化确实不仅仅受到了角色-表演者——丈夫、妻子、家长、孩子的行动适应性的强制，还受到了被称为"非行动变量"（non-action variables）——也就是所有的角色-表演者们的生理生命周期的影响。事实上，家庭是一个变化的系统，其中的一个功能恰恰就是准备让孩子**离开**家庭。而随着孩子迈向这一方向，家长和孩子的角色都会发生变化。因此，家庭的均衡是一种极为变动不居的动态均衡。

所有的这些反过来又会受到家庭子系统和其他子系统之间的互动过程，以及作为一个整体的社会系统之中的变化——例如那些由现代工业、科学和技术所带来的变化的影响。例如，在先前的家庭手工业——在日本还可以找到其类似形态——之中，生产的家庭单位是附属于家庭的情感性-广布性关系的。而现代的工厂工业已经从家庭中剥离了这一生产的面向；同时在家庭仍然是重要影响因素的农业生产中，投入其中的劳动力越来越少。人们"外出去工作"，并且工作是以模式而非普遍性-狭窄性-成就（universalism-specificity-achievement）的类型被完成。这种更大的家庭隔离对于妻子的角色产生了不同的，有时还是相互冲突的影响。就一部分而言，

第二章 法律与社会科学边界中的计划与运动

它凸显了其通过富有吸引力的模式表达出来的性别角色；就另一部分而言，在召唤职业或者其他外部活动方面，这种隔离可能意味着从她家庭角色的排他性情感性-广布性（exclusive affectivity-diffuseness）突然转变成一种具有普遍-狭窄（universal-specific）属性的角色。时而强调时而又阻碍这些调整体现了在家庭帮佣方面人类多样性的褪色和机械多样性的兴起。

在这一语境中，帕森斯提出了一个有关家长角色中充分性的核心论点。一方面，角色的归属性及其情感性和广布性要求延伸至孩子的爱应当是无条件的。另一方面，该角色源自一个成长于其中的孩子必须被训练去适应独立的社会生活这一事实，又要求家长对于孩子特定表现的接受应当是有条件的，否则就不会形成有效的激励机制。因此，除非家长能够在自己与孩子的关系中，明确表示由于孩子未能达到家长对其表现的预期所造成的拒绝接受并不妨碍家长的爱仍然是无条件的，否则我们可能有理由预期会在孩子身上看到干扰以及其他致病性影响。[1]

在他的研究中，帕森斯并未提及这样一个事实，在他自己大学的法学院里，谢尔顿·格昌克（Sheld-

---

[1] See Parsons, *The Social System*, 221.

on Glueck)和埃莉诺·格吕克(Eleanor Glueck)在两年前(1950年)已经发表了一项基于经验研究的结论,该结论证实了帕森斯自己基于演绎所提出的假设。根据该结论,没有违法行为的儿童比起有违法行为的儿童来说更容易由于担心失去父母之爱的恐惧和焦虑而遭受折磨。即便是对于那些没有理由——不管是客观来说还是在他们自己的意识理解之中——认为自己曾经因为这种失去而退缩的儿童来说,情况也是如此。[1] 对于该事实的一个比起格吕克夫妇所能提供的任何解释都要更好的解释是在帕森斯与之密切相关的思想中产生的,这一解释能够同时证实他自己和格吕克夫妇的立场。其内容是,父母之爱的持续存在,对于保持像家长和孩子这样具有归属性、在情感性上广布的(affectively diffuse)角色延续下去是至关重要的。拥有这种爱的儿童会恐惧失去它,而没有这种爱的儿童(这是关键点)不会恐惧失去它。[2] 当加上了格吕克夫妇的经验证

---

[1] Sheldon and Eleanor Glueck, *Unraveling Juvenile Delinquency* (1950), 222, 223.
[2] 我要感谢我的朋友博深(Charles Boasson),他在 Boasson, "The Influence of Anxiety and Fear in International Relations" (1958), 4 *Law and Economics* 207, 208(该文也以希伯来语在特拉维夫发表)一文中的说明,使我注意到在社会科学相关领域中这个有关非交流的显著的当代例子。

第二章 法律与社会科学边界中的计划与运动

据以表明父母之爱是一个重要的预防犯罪因素之后，无违法行为者对于丧失这种爱的恐惧要比有违法行为者更大的这一事实就显得与前述的解释非常一致了。当相关的经验材料根据帕森斯的角色-期望和角色-实现概念加以解释之后，就同时为家长和那些关注犯罪社会问题的人提供了重要的指引。[1] 很明显，如果拖延作出这样富有成效的互相参照，这将会是一件浪费和令人遗憾的事。[2]

---

[1] 当然，许多重要的工作都是独立地朝着这些见解推进的。参见鲍比（J. Bowlby）、肖本（E. J. Shoben）、安德利（R. D. Andry）、比姆（K. S. Beam）、斯拉夫森（S. R. Slavson）和其他人的工作（当然也包括格吕克的）。同时参见 Stone, *Social Dimensions*, Ch. 6, §24. 帕森斯的进一步见解是，男孩（同时也包括女孩）对于母亲的早期认同，在男孩走向他们的成人角色时，一定会产生压力和犯罪倾向，例如在职业系统中女性气质会对他们造成阻碍。这也给犯罪学提供了重要的线索。See Talcott Parsons, "Certain Primary Sources and Patterns of Aggression in the Social Structure of the Western World" (1947), 10 *Psychiatry* 167-181, A. K. Cohen, *Delinquent Boys: The Culture of the Gang* [1955, 斯普洛特（W. J. H. Sprott）于1956年翻译了带有导言的英文版]。

[2] 更有甚者，在少数专门研究法律本身的行为科学家之间也存在着阻隔。加西亚和其他研究者（"Legal Research," 48-51）在询问了120名将法律作为一种行为科学加以研究的引领性"创新者"之后，认为他们就像前文提及的那些阅读了莎士比亚但却没有阅读彼此作品的先锋派诗人。我们甚至可以好奇地追问：他们中的许多人是否能够说出一个被他们共同认可的"莎士比亚"。显然现在迫切需要的是更多的互相关注，以及对于目前已经延续千年的法学思想脉络的关注。仍旧令人遗憾的是，社会学和法学没能认识到它们彼此之间的相互关联，甚至由于两者的知识方法存在天壤之别，连意识到这一点都需要想象力的飞跃。因此，沃纳·梅霍弗（Werner Maihofer）的"Die Natur der Sache"(1958)，44 *Archiv für Rechts- und Sozialphilosophie* 145-174 一文精深的、存在主义式的风味，以及帕森斯和梅霍弗彼此之间的关注，不应当掩盖帕森斯式

这个例子也给社会科学领域的所有工作者们提供了另外一个警告。与帕森斯式的系统构建相比，被设计为向法院和其他社会机构的实践任务提供贡献的青少年犯罪研究可能在方法上被视为是经验的，而在动机上被视为是特别的。我认为这一点是至关重要的，社会科学，尤其是那些涉及法律秩序问题的社会科学，不应当让自己完全地、排他性地致力于构建通盘式的思想体系，而应当让其或多或少地进行尝试，看看那些当代社会的实践性的并且有时是非常紧迫的问题，能否在对于相关理论原则的检验和阐释中被解决。我们已经阐明，对于通盘式认知和理论构建的驱动力代表了社会科学中的一种有益趋势，并且从长期来看，它能够承诺在人类的自我

（接上页）的构造和梅霍弗对于生命的事实关系的坚持之间的相似性核心。梅霍弗认为这一事实关系同时建立在自然实体（entia physical）和道德实体（entia moralia）的基础上，从"文化的事实关系"成熟为所有存在物的"特定存在条件"，基于生命的配置和角色，实体在其中通过以角色和角色-期望为核心的相互依存而彼此"指涉"。关于这些与正义理论相关的立场，参见 Stone, *Human Justice*, Ch. 7, § 7。同时比较其他版本的法学"事实性质"猜想，I. Tammelo, "The Nature of Facts as a Juristic Tópos" in I. Tammelo, A. Blackshield, and E. Campbell, eds., *Australian Studies in Legal Philosophy* (1963)（以下引用为 *Australian Studies*）一文在第237~262页，特别是第241页以下各页对此进行了讨论，该文刊登在 *Archiv für Rechts- und Sozialphilosophie* 第39期特别增刊上。关于古斯塔夫·拉德布鲁赫（Gustav Radbruch）和韦伯之间的联系，参见该文第245页及以下各页。

第二章　法律与社会科学边界中的计划与运动

控制和社会控制中实现巨大的改善。但是，至少有两个令人信服的理由来说明为什么我们不敢将所有最为优异的专业知识用来构建和检验通盘式的理论，以及为什么那些对研究活动进行指引的人事实上应当采取措施来避免这种过度的付出。

其中一个理由是，认知本身的进步需要对通盘式理论进行持续性地检验，而这种检验又需要通过从矩阵中，有时甚至是无意识地从该理论中收集和验证的经验数据来进行。在社会科学中尤其是如此，基于多种原因，与自然科学相比，在社会科学中通过适于某种假设的实验对该假设进行精确的经验验证的可能性要小得多。来自特定问题领域的数据和假说距离成为确认、纠正和补充某一理论的宝贵来源仍然有一段距离，它们还不应当被中断。

另一个同样令人信服的理由，来自我所持有的（但并非所有我的同事都会分享这一点）有关社会科学家（包括法学家）对于法律秩序的任务所应负责任的观点。即便从不涉及知识延伸的第一个理由的方面来看，它仍旧是令人信服的。我已经在第一章中简要地提及了这第二个理由。正是在与法律秩序的关系之中，我们有理由期待社会科学家能够在缓解实践弊端和处理实践问题方面提供帮助。并且我们并不仅仅是就长期而言期待这一点,而是(只要能够获取到这种帮助)在此时此刻就有理由作出这种期待。一般而言,公民、律师、法官和政府官员在此时此刻肯定会对这些弊端和问题采取一些行动式的反应,而这些反应就我们这一代人的知识状态而言也应当是足够充分的。我们已经注意到,相比起世纪之交开头的几十年而言,社会学法学对其主题事项采取了一种更为宽广和理论化的视角,并且我们也对这一趋势表示欢迎。但是现在我们也希望坚持如下的观点,社会学法学(不管冠以何种名号)应当努力保持其早期的勇气和活力,去应对那些数量众多的局面,其中夹杂了被持续不断又相当紧迫地丢给实践加以处理的冲突、事故、困扰和不公。我们必须使学者能够甚至是鼓励他们去从事于这些方面,使他们不会觉得自己偏离了学术的主流道路,或者觉得自己的活动相比起建构、批判或者检验通盘式的理论体系而言显得不那么受尊重或者重要。

现在让我们回到对于社会基本理论的贡献的更为一般化的层面之上,对于帕森斯的立场而言,最为深层次的困难可能在于如下的事实(这一点已经被注意到了),即其立场过多地依赖于"均衡"这一核心概念的临界点。罗宾·M. 威廉姆斯(R. M. Wil-

第二章 法律与社会科学边界中的计划与运动

liams）注意到，[1] 这一概念不仅没有得到充分的解释，即便是就其到目前为止被解释的部分而言，它也没有作为一种持续性的力量（constant force）被呈现出来。这样看来，即便是对于帕森斯这样复杂而精密的头脑来说，可能也存在着一种强烈的把这一概念作为"机械降神"来使用——特别是应对社会变革问题——的诱惑。当然也必须公允地说，帕森斯自己所设定的问题并不是要提供这样的一个框架，这个框架能够容纳所有可能发生在一个特定社会中的事情，包括那些创伤性的变革和崩溃。相反，他的框架是要去容纳（做到这一点已经很令人钦佩）那些发生在一个已经稳定的、正在运行的社会之中的事情，也就是说这个社会不会受到前述打击的影响。当然，即使我们为帕森斯作了这一辩护，我们还是得多说一句，作为一种社会现象，法科学生也必

---

[1] In Black, *Talcott Parsons*, 90ff. 比较 Berger, "On Talcott Parsons," 511-512; Ralf Dahrendorf, *Class and Conflict in Industrial Society* (1959)（由作者翻译、修订并扩写），第 168~170 页，后者发现帕森斯对于整合的强调是"站不住脚的，是一种危险的片面性"（第169页）。达伦多夫（Dahrendorf）的批评在一定程度上被布莱克所接受。虽然帕森斯和达伦多夫都没有完全接受米尔斯（C. W. Mills）在 *The Power Elite* (1956) 一书中提出的"零和式"权威概念（一方所拥有的，另一方就没有），不过达伦多夫确实接受了基本的冲突立场，他认为虽然权威经常体现和象征着功能性整合，但是在其他情况下权威可能只是某个群体利益的代表（第170页）。同时参见 Stone, *Social Dimensions*, Ch. 13, n. 60.

须努力去理解包含在法律与社会秩序的创伤性变革和崩溃之中的过程,特别是在像现在这样一个充满了动态变化的时代之中。我们也期待,随着这样的关注进入到一般社会理论之中,积累自法学这一侧的数据和理念能够得到来自社会学家们的合理关注。

和对于"均衡"概念的批判联系在一起的是如下这种观点,它认为帕森斯理论的总体趋势是通过"适应"和"融合"这两个概念类似于软膏的属性将强制和冲突的实际情况予以软化。当然就以上两点而言,法学家们的不满感可能都比较少。[1] 因为不管作为一个整体的社会系统会变得怎么样,帕森斯都可以说法律体系是社会的一个"融合性子系统",并且其融合性功能至少可以保证角色-期望的一些最小限度的协调——正如帕森斯自己认为是理所当然的那样——能够幸免于任何崩溃性的力量。[2]

VI

冒昧地说,从法学的角度而言,对于那些向当

---

[1] *Ibid.*

[2] 沿着帕森斯式的分析路径,参见 S. A. Stouffer, "Analysis of Conflicting Social Norms" (1949), 14 *American Sociological Review* 707,以及 Williams, in Black, *Talcott Parsons*, 92n 中的引用。

第二章 法律与社会科学边界中的计划与运动

代社会理论和科学的这一引人注目的样本所提出的批评，我并不打算去宣称或者重申一门"法律的社会科学"或者"法社会学"的建立——它作为社会科学的一个具有自主性的分支——能够与经济学、人类学、社会学及其他（社会学科）相并列。我本人的立场一直是并且仍将是，在知识的方面（不同于为了法律目的对其加以集中的实践便利），那些已经为人所知或者有待被发现的与法律在社会中的角色相关的原则，应当被列入其他社会科学的合理关注范围之中。[1] 因为这些原则归根结底只描述了物理、社会经济、文化和精神环境之间的调整和互动，以及隐藏在权力和对权力的服从、秩序、伦理价值以及其他被接受的价值等的起源、制度化和操纵背后的心理过程。由于他们的发现和阐述对于众多应当（正如我们所说的那样）努力对法律数据加以更为充分利用的现有社会科学来说是值得关注的，因此他们的结论对于一般性的知识和专门性的法学这两方面而言可能都具有极大的价值。

与之不同的观点则仍旧强调，一种独特的社会科学可能会去关注那些通常而言与法律联系在一起

---

[1] Jerome Michael and M. J. Adler, *Crime, Law and Social Science* (1933), xii.

的社会、经济、政治制度与进程之间的特殊结合和互动的性质与操作。[1] 由此，基于帕森斯富有启发性的分类，[2]"社会行动的分析性科学"将会主要包括三个方面：经济（处理"经济理性"），政治（处理"强制理性"），以及社会［处理到目前为止以"共同价值融合"（common-value integration）的形式被理解的社会行动系统］。但是除此之外，还会有很多的技术涉及对于"直接目的、规范和知识的具体内容"的处理，对于"法律"的接触可能会是其中之一。

不管一种独特的法律的"社会科学"在这些方面或者其他任何方面能否得到哲学意义上的辩护，我都希望坚持，倘若是基于源自法学材料的技术性质和法学教育的需求之实践目的，至少有必要在法学的支持之下，将有关法律和社会的研究维持为一

---

[1] 因此从这个角度来看，像凯恩斯提出的如下建议，即寻求人类行为事实与社会失序之间持续关系的纯粹科学（参见 Stone, *Social Dimensions*, Ch.1, §8），更适用于一般的社会科学。Parsons, *Social Action*, 757-775. 也可比较康门斯（J. R. Commons）的观点 [Legal Foundations of Capitalism (1924), Ch.1, 特别是第9~10页和第82~83页]，他认为心理学、经济学、法学和伦理学"是从不同的角度看待同一个过程"。在任何情况下，我们都应当避免使用不精准的语言以暗示法律本身是或者应当是一门社会科学，所有的这些会意味着，应当在明智地考虑从社会科学中获得的相关知识之后，再去制定和管理法律。比较在这一点上对于现实主义假设的批判，Edwin Patterson, *Jurisprudence: Men and Ideas of the Law* (1953), 546ff.；同时参见 Patterson, *Law in a Scientific Age* (1963), 3ff.、25ff.、37ff.、47ff.

[2] Parsons, *Social Action*, 757-775.

第二章 法律与社会科学边界中的计划与运动

个可以识别的研究领域。首先,法律的深奥属性意味着,没有经受过法律人训练的社会科学家们,将会在把法律材料作为他们自己的知识分支主题的一部分加以处理的过程中遭遇难以克服的障碍。对于一个独立的法学领域的认知将会提醒人们注意在处理这些材料时的特殊困难。其次,法律就其性质而言,几乎跨越了所有可以想象到的社会科学主题领域。"法律"对于文化产生了相当大的影响。[1] 或许与其他社会科学相比,作为社会进程组成部分的法学研究首先包含了融合——一种在非专业化之中的专业化。最后,在法学教育之中,随着法律的社

---

[1] K. N. Llewellyn, "The Normative, the Legal and the Law Jobs: The Problem of Juristic Method" (1940), 49 *Yale Law Journal* 1377 and passim (以下引用为 Law Jobs)。这一观察来自由萨维尼指出的法律之性质,即"从某个特定的观点来看",法律"是生活的全部"(在提马舍夫的 *Sociology of Law* 的第 343 页中被引述)。试比较,"法律并不像经济、家庭、道德或宗教秩序那样是一种特定的现象秩序。法律是所有这些现象都必须在其中运作的方式。人们可以设想法院:法院的活动总是在调整这些经济、家庭和其他的情况"[René Worms, *Philosophie des Sciences Sociales* (3 vols., 1903-07), 200-201, 在提马舍夫的 *Sociology of Law* 的第 343 页中被实质性引述]。可能引起争论的是,类似的评论同样适用于心理学或经济学的主题事项。但是在分配的程度和比例上仍然存在区别。至少到目前为止,政治和法律机制对于心理学或经济学的主题而言尚不构成主要的侵入,它们也没有从根本上改变相关研究的具体方法或者结论——被假定的心理和需求-供应关系仍然存在。而在对社会中的法律开展的研究中,似乎并不存在这样持续的特定重点。Pace Llewellyn, "Law Jobs," 1377n, 1379n, 其中他说道"法律"是"对基本的社会学理论进行整合所需的基石"。关于凯恩斯所提出的是否也能如此看待"失序",参见 Stone, *Social Dimensions*, Ch. 1, §8.

会关系被日渐关注，对于法律的"外部关系"进行一种有序审视的需求也被日益强调。[1] 从教学的角度来看，如果不存在这样的一种研究——其所研究的是在社会中将法律作为一个可识别的（尽管不是自主的）的主体而进行的运作，那可能有必要发明这种研究。[2]

从这些考虑的角度出发，我们在这里所主张的是一种承认一个研究分支的**实践**需求，在这一分支中，法律人的专业知识和社会科学的专业知识可以互相交换数据和假说，从而意识到在两者相互关联的领域之间的主要动向。从目前的法学视角来看，重要的是保持相应的渠道，借由这一渠道，对于社会中法律的研究可以稳定地通过源自社会科学的学习获取（相应的知识）。即使在经过数十年更加富有野心的宣言之后，仍然有必要强调这一点。看起来

---

[1] See Stone, *Province*, Ch. 1; Stone, *Legal System*, introduction, §8.

[2] 关于这些要点的拓展，参见 Stone, *Legal System*, introduction, §8, 以及 *Social Dimensions*, Ch. 1, §§4-6. 现有的观点在1957年举行的第三届意大利全国法哲学大会上被广泛采纳。See in (1958), 35 *Rivista Internazionale di Filosofia del Diritto*, Guidò Fasso, 110–113, at 110; Alessandro Groppali, 126–129; Vincenzo Palazzolo, 189–195; Dino Pasini, 196–206, especially 204. 关于阿迪戈（Roberto Ardigò）的理论，参见 Giuseppina Nirchio, 170–180; 关于格罗帕利（Groppali）和卡亚尼（Luigi Caiani）的理论，请比较 Stone, *Social Dimensions*, Ch. 1, n. 233. 同时参见 Aurel David, "Metodo Sociologico e Metodo Legislative" (1957), 34 *Rivista Internazionale di Filosofia del Diritto* 300 一文中富有价值的分析。

第二章 法律与社会科学边界中的计划与运动

这样的一种做法似乎是更为安全的,即将我们的立场保留为社会科学之间(inter se)的融合与统一,以及将法学研究融合进社会科学,有时甚至是将"法律"自身变成一种"社会科学"的提议。但是,将法学和社会科学的这种联系称为"跨学科"并不会造成什么伤害——如果我们不会因此产生法学式宏伟的错觉的话。与法学的其他分支一样,社会学也会关注法学研究与其他学科——在这里是社会科学——之间的关系。特别是,它试图通过获取自社会科学的概念和理念对法律的经验数据加以阐明,进而为社会科学提供互惠式的帮助。这种交流甚至可能还会延伸至从法学和社会科学的研究工作中分别发展出来的概念和假说之上。同样是在这里,法学研究更有可能成为获取者,尽管我们可能会回想起,至少早在任何一门社会科学投身于对制度的模仿和传播之时,此种现象就已经成了法学关注的主题。但是,在我们开始推测我们能否期待法学和社会科学能够将它们各自的理论框架统一在一起,并将这统一的框架用于调查相同的经验问题之前,我们可能就已经来到了谨慎的边界。[1]

---

[1] 我们对科马罗夫斯基(Mirra Komarovsky)主编的 Common Frontiers of the Social Sciences (1957) 和伊文主编的 Law and Sociology,9ff 中的论文持有保留意见。

第三章 寻求正义中的人类与机器，或者为什么上诉法官仍然应当是人类

在结尾的这一章中，我必须赞赏读者们对于先前部分的一般性论述所表现出来的耐心，为此我将会讨论当代司法行政之中一些更为具体化的问题。我从现有的众多问题中选择了一组，在选择的过程中我考虑了四个标准。第一，相关制度对于整个法律秩序——这些制度中的问题被裹挟在法律秩序之中——的重要性程度。第二，更好地理解与处理这些问题的紧迫性程度。第三，如果我们不能从其他知识分支——包括社会科学——获得足够的理解与支持的话，这些问题有可能困惑我们的程度。第四，相关的法律活动领域——包括法律咨询和裁决——已经感觉到来自技术发展和社会与政治科学的研究的压力的程度。一方面，我考虑到计算机技术对于

第三章　寻求正义中的人类与机器，或者为什么上诉法官仍然应当是人类

法律任务的影响；另一方面，我也考虑到政治科学家进入到司法行为定量分析对法律任务产生的影响。而我所关注的问题的脉络已经在本章标题中得到了暗示："寻求正义中的人类与机器"，或者"为什么上诉法官仍然应当是人类"。

I

即便我们只考虑法律人所关注的问题，人类的困惑与机器的潜力之间的对峙也已经转向了一个广阔的前沿。[1] 我们已经可以列出一长串的问题清单，

---

〔1〕 在 Stone, *Legal System*, Ch. 1, §10 中可以找到一份截至 1963 年的文献编选，以及对法律人推理相关问题的分析。在 *Jurimetrics* (1963, winter), 28 *Law and Contemporary Problems* 1-270（以下引用为 *Jurimetrics*）和 "Legal Research." 中有两个值得关注的后期研讨会。前者是一个特别均衡的、富有思想的集合，其中的讨论包括"现代逻辑"的范围 [L. E. Allen and Mary Ellen Caldwell, "Modern Logic and Judicial Decision-Making: A Sketch of One View," *Jurimetrics* 213（以下引用为 Modern Logic）]；作为"对法律问题进行科学调查"的法律计量学 (H. W. Baade, foreword, *Jurimetrics* 1)；决策的数学面相 [Fred Kort, "Simultaneous Equations and Boolean Algebra in the Analysis of Judicial Decisions," *Jurimetrics* 143（以下引用为 Simultaneous Equations）]；与法律研究，特别是法律检索相关的机器方法，以及计算机工作与符号逻辑之间的关系 [Lee Loevinger, "Jurimetrics: The Methodology of Legal Theory," *Jurimetrics* 5（以下引用为 Jurimetrics: Methodology）]；通过与机器潜能相关的因式分解和统计方法对上诉判决加以预测的能力 [Glendon A. Schubert, "Judicial Attitudes and Voting Behavior: The 1961 Term of the United States Supreme Court," *Jurimetrics* 100, 108-137（以下引用为 Judicial Attitudes）]；有关机器限制对于司法质量造成的影响的担忧 [J. J.

围绕着它们所产生的争论已经如火如荼。计算机的活动,尤其是那些与行为科学的假设结合在一起的计算机活动,是否表达了一种对于法律的伟大传统而言势必是陌生的哲学(它也在一种语言中表达了此种哲学)?技术要求其能够有效地利用封闭的逻辑系统,而这将阻碍必然被包含在其中的法律秩序的成长,这样的担忧是否合理?法律人对于这些新技术可能提供的伟大服务的接受是否会意味着对于专业法律技能的放弃?经常被认为是机器所需要的、对于概念和语言的精确度的渴求,是否会让法律人鄙视并拒绝法律语言在语义上的多义性?如果我们加以放纵的话,机器处理复杂数据与大数据的技术能力是否会导致法律建议的过于精细和过于复杂?当(机器)被用于扩大政府的权力之时,它是否会成为一种手段,加速已经在迅速增长的公民对于集权化官僚和专家权力的服从?

这样的问题可以被进一步延伸和多样化,并被赋

(接上页)Spengler, "Machine-Made Justice: Some Implications," *Jurimetrics* 36(以下引用为 Machine-Made Justice); Walter Berns, "Law and Behavioral Science," *Jurimetrics* 185];消除这些担忧的尝试[F. R. Dickerson, "Some Jurisprudential Implications of Electronic Data Processing," *Jurimetrics* 53(以下引用为 Jurisprudential Implications)];定量方法和概率理论在司法材料分析过程中的运用[S. S. Ulmer, "Quantitative Analysis of Judicial Processes: Some Practical and Theoretical Applications," *Jurimetrics* 164(以下引用为 Quantitative Analysis)]。

第三章　寻求正义中的人类与机器，或者为什么上诉法官仍然应当是人类

予更为戏剧化的形式。[1] 即便是在那些行为主义与机器技术的支持者之中，也能感受到对于传统法律职业的敌意暗流，这种传统法律职业是一种自我中心式的防御性技艺，是知识延伸的敌人，他们并不希望让多元变量计算（multivariate calculations）在司法中位居高位。即使是在那些试图同时关照到两边的人之中，相关的结论有时也超过了应有的谨慎程度。这些结论声称，对于机器在法律和正义任务中潜力的限制，可能仅仅依赖于法律史中的意外，以及迄今为止的法律技艺的实践限制。[2] 由于这些夸大其词所导致的沟通障碍，并没有被随后充满自信的"机器仍将是我们的仆人，而不会变成我们没有灵魂的主人"之断言所移除。

当这样的夸大其词是在攻击而非捍卫新的方法进路之时，它是没有帮助的。同西奥多·刘易斯·贝克尔（T. L. Becker）[3] 一起进行如下的推测可能会很有意思——新的调查技术和工具所激发的好奇心中的不加节制，是否会导致在那些只会损害社会制度的领域进行恣意的研究，以及在这些会产生上述

---

〔1〕 See, e.g., Dickerson, "Jurisprudential Implications," 53, 56-65.
〔2〕 See, e.g., *id*, 65-70.
〔3〕 T. L. Becker, "On Science, Political Science, and Law," in "Legal Research," 11-15, especially 14-15.

危险的研究之中,是否不应当有一些机构来决定战略和优先事项。因此,卡尔·F. 斯托夫(Carl F. Stover)[1]同样从整体上警告过,这些新的方法非但不会节省律师们(大概也包括法官们)解决"高级问题"的时间,反倒可能将其时间奴役在"例行化"的公式上面。因此像正义这样的理念——其(在概念内涵上的)丰富性与含糊性在某种程度上对于处理人类的情形而言是必要的——可能(如果我们不是有意如此的话)会比过去受到更少的关注。沃尔特·贝恩斯(W. Berns)对行为主义者的指控加以了归纳,否认其与司法决定中的价值要素有任何关联,而这必将导致赋予所谓的价值无涉的"科学"数据过多权重的危险。[2]

约瑟夫·J. 斯宾格勒(J. J. Spengler)从一个经济学家的视角出发提出了如下的论点,通过允许机器处理法律和正义的问题来试图减少这些问题,可能会使得施加于个人之上的限制范围超出必要的最低限度,而现代国家的扩张角色将会迅速地加剧这

---

[1] C. F. Stover, "Technology and Law-A Look Ahead" (1963), *Modern Uses of Logic in Law* 1-8.

[2] See Berns, "Law and Behavioral Science," 185-212, especially 201-211. 同时比较政治科学自身内部的相关论战, See Kirkpatrick, "The Impact of the Behavioral Approach on Traditional Political Science" in Austin Ranney, ed., *Essays on the Behavioral Study of Politics* (1962), 1, 28; J. P. Roche, "Political Science and Science Fiction" (1958), 52 *American Political Science Review* 1026ff.

第三章　寻求正义中的人类与机器，或者为什么上诉法官仍然应当是人类

一趋势。[1] 他同样强调了每一个法律和司法问题的特殊性，以及机器在处理这些包含了特殊要素的问题之时的不适应性。所有这些将会代表标准化技术与个性化法律需求之间过于简单的斗争方面的新发展。我们相信，采取如此宽泛方式的效果必然会是，不必要地扩大可能存在于电子技术与传统法律方法之间的冲突。作为一个对话的基础，这并不足以推翻"在法律与技术之间并不存在本质上不可调和的冲突"这一相反的论点。[2]

这些广泛的疑问来自政治和社会科学家们自己，反映了他们自身在传统主义与行为主义之间的内部问题。我们自然不会惊讶于从法律人这一方发现了大量的警告呼喊，这些呼喊同样非常一般化，并且由于其一般化而没有什么帮助，我们在一开始的段落中提到了其中的许多例子。[3] 我们相信，对于未来的辩论而言，更好的路径应当让我们充分认识到电子设备和行为主义方法能为法律提供的潜在广阔

---

[1] See Spengler, "Machine-Made Justice," 36-52, 特别参见他在第44~46页有关机器可处理概念的偏见影响的分析。

[2] See Dickerson, "Jurisprudential Implications," 53, especially 53-55.

[3] 冲突的过分泛化反而主导了在1960年10月和1962年5月由加利福尼亚大学洛杉矶分校跨学科研究委员会和系统开发公司（Systems Development Corporation）联合主持的箭头湖（Lake Arrowhead）法律和电子会议上的交流。See generally *id.*, 53ff.

服务。反过来,这也要求我们精确地界分——如果我们能做到的话——它们所不适应的法律任务领域,尤其是对于这些领域界限的无意触碰可能对法律秩序造成严重的损害。相应地,针对语言中的语义变化、司法制度以及近期有关司法行为的瞩目研究中的特定背景问题,本章已经确定了一个这样的领域。这是作出一个具有法律创造性的上诉决策之领域,我们除了想获得那些从事司法行为的定量分析研究者对于这一领域特殊属性的认可之外,也想获得那些反对此类研究的人们的相同认可。

尽管我们应当将这一领域呈现得对于法律秩序的运行而言极其重要,但是它并未包含所有的上诉决策,更不用说在所有层面上的决策了。它仅仅包含了如下的部分,在其中需要作出的决定涉及法律是否应当被司法行为修改,以及如果应当的话,此种修改的程度和方向为何。这一领域——我在这里称之为"司法判决"领域——乍看起来非常接近于格伦登·舒伯特(Glendon Schubert)和其他人的开创性工作中的核心关注点,他们的工作是基于对过往表现的定量分析来预测司法行为。甚至于围绕着这项工作所产生的大量争议都源自法律人过于简单的如下假设——那些声称独立地对"正义"这一概念进行分解的上诉决定预测,对于这一概念所可能

第三章 寻求正义中的人类与机器，或者为什么上诉法官仍然应当是人类

代表的任何事物而言都是一种威胁。下面这句话肯定是托马斯·考恩（T. A. Cowan）在观察有关最高法院决定的此类工作时的心情：法律人"很难做好准备将这一庄严的事项转变成一组实验对象来检验因子分析的结果"。[1] 在这里，一项主要的任务是充分地阐明此种"威胁"感的背后究竟隐藏着什么样的现实，从而使对立观点之间的澄清式讨论变得可能。

尽管预测决定和作出决定之间存在着相近的外观，也尽管行为主义者对于预测的可靠定量基础的搜寻面临着法学界的批评，但是行为主义者们可能对于决策过程的整体性没有任何有意识的设计。这可能是因为从他们的视角看来，作为一个此刻将由这位法官所作出的决定，被我们称为"司法判决"的这个事物，是完全不值得关心的。事实上，舒伯特在其1959年的开创性工作中已经明确地表达了这种自我限制。[2] 当然，我们自己会倾向于理解为，

---

[1] T. A. Cowan, "Decision Theory in Law, Science, and Technology" (1963), 140 *Science* 1065, 1072.

[2] See Glendon A. Schubert's *Quantitative Analysis of Judicial Behavior* (1959), 320（以下引用为 *Judicial Behavior*），舒伯特坚持他的"量图分析（scalogram analysis）无法告诉我们法院应当如何判决未来的案件"，并且提出了和 Fred Kort, "Predicting Supreme Court Decisions Mathematically" (1957), 51 *American Political Science Review* 1-12（以下引用为 Predicting Supreme Court Decisions）一文相同的观点。

这种科学方法的先驱是适用于司法过程的。即便是当他们对客观因素的多元变量分析的有效使用怀有最为乐观的状态之时,他们也会(在我看来)倾向于表示,有关法官——那个坐在法官席位上的人——**应当**如何决定一个特定的案件(这里的"应当"指的是司法的一般性规范)的问题并不容易受到他们的方法的影响。[1] 或者他们可能会说自己只是简单地对这一问题不感兴趣。他们所关心的问题是去探寻具有特定背景的法官是如何以及为什么以自己的方式对特定类别的过往案件作出决定的,以及相应的假设可以被架构到多远的程度以作为预测未来决定的基础——也就是说,预测这些决定**将会是**什么,而非它们**应当是**什么。

例如,舒伯特将其最近一份公开研究[2]的一个部分归结为如下的问题:"预测为什么是重要的?"他所给出的回答看起来对于未来判决中正义的操作以及准确预测过往司法行为对于未来判决行为的影响——不管好坏——都没有任何影响。他的核心关注点在于表明,行为主义者的预测——首先由于其可再生

---

[1] See, e.g., S.S. Ulmer, "Scientific Method and Judicial Process" in "Legal Research," 21-22, 25-37. And see Ulmer, "Quantitative Analysis".

[2] Schubert, "Judicial Attitudes," 100, 102-103, 105-108.

第三章 寻求正义中的人类与机器，或者为什么上诉法官仍然应当是人类

性和方法的可沟通性，在多个方面都要优于哪怕是最有经验且最富有洞察力的法律人所作出的预测。毫无疑问，他会倾向于阐述他所关注的问题在于搜寻能够影响司法决策的科学"规律"，因此对于正义本身的直接搜寻，以及行为主义者对此类"规律"的探索会给判决或者正义或者司法制度产生的影响，都不是行为主义者的责任，就好比核战争的爆发也不是核科学家的责任一样。[1] 这里所指的科学上的漠不关心包含了两方面。其中一方面是有关法官应当如何在此刻或者未来作出其有关司法判决的问题。另一方面则是有关科学预测对于未来决定以及正义的"反馈"或者"海森堡不确定效应"，因为这些决定将会在法官的席位上作出——即便当法官对它们是非常无意之时也是如此。

我们相信，注意到以下这一点是重要的，即科学上的漠不关心不应当被曲解为必然对这些方面不负责任。我们之所以强调这一点，不仅仅是因为这样的表述迅速引起了争议，更是因为如果我们不提出这个问题，这种漠不关心态度的正确性将会更容

---

[1] 有关目前对于这一广泛问题的看法，参见 Julius Stone, "When Politics Is Harder than Physics" (1963), 32 *American Scholar* 431. 事实上，该领域的一些作者谨慎地否认此类工作的任何决定性作用，即便是在确定法律问题的答案时也是如此。See, e.g., Ulmer, "Quantitative Analysis," 164, 184; Allen and Caldwell, "Modern Logic," 213, 269.

易成为富有成效的审查的主题。对于司法判决的不关心而非不负责任似乎也是 S. 西德尼·乌尔默（S. S. Ulmer）的进路的正确表征。他满足于用如下的主张总结自己最新的论文：计算机行为主义式的科学方法并不能为法律问题提供答案，它们只"能够显著地提高使用这些方法的人们的分析能力"。[1] 其他一些近期的研究者，[2] 在描述了"现代逻辑技能"的深奥之处后——这一技能对于澄清哪怕仅仅是决定的语义面向而言也是必须的。则满足于宣称（并且是一口气地）他们无法期望能够让众多的法律人获取这些特殊的技能，并且这些特殊技能所关注的问题甚至也不是"最为重要的对于逻辑技能的法律人运用"。

这一初步的警告是针对那些致力于进行司法过程定量行为研究者的智力驱动所受到的法律误解而提出的，我们也必须（为了平衡我们自己的风险）针对这种误解的受害者启动特定的初步行动。我们冒昧地尤其赞同一位顶尖的社会学家[3]最近向他的

---

[1] Ulmer, "Quantitative Analysis," 164, 184.

[2] Allen and Caldwell, "Modern Logic," 213-270. 然而，深奥与纯真的这种迷人结合，可能表现出对于除了作者感兴趣者之外其他所有问题的过度漠视。

[3] Harry Alpert, "Some Observations on the State of Sociology" (1963), 6 *Pacific Sociological Review* 45-48 [1963 年 4 月 26 日在太平洋社会学协会（Pacific Sociological Association）所作的主旨演讲]。

第三章　寻求正义中的人类与机器，或者为什么上诉法官仍然应当是人类

同事所提出的一些忠告，我们认为这些忠告可能在眼下的这个领域中也能有一些应用。首先，在社会领域中，一个有效的概括所需要的不仅仅是此时此刻的态势，它还应当考虑到特定现象的历史和比较维度。其次，我们必须要清楚那些全身心投入在类似问题以及会影响这些问题的现有理论之上的人们的工作，即便这些问题出现在一个不同于我们所从事的社会科学领域。就算我们运用新的语言和技术，"重新发现美洲"或者"重新发明轮子"也不会是富有成效的活动。最后，在没有对所欲解决问题的重要性或者新颖性给予适当考虑的情况下，不应当让方法论和新的技术设备决定利益的方向。这一点适用于数学化，一如它适用于其他方法。"穷尽所有的方式来测量和统计，但是让我们对那些真正重要的事情来进行测量和统计。"[1]

II

为了着手解决我们的核心问题，我们首先必须围绕着上诉法官在法律创造和发展中的角色，对两个区域进行侦查和穿越。其中一个是语言及其性质

---

[1] *Ibid.*

的区域，其中的核心是对于语义中多义和变化的责任，以及它们对于法律的权威材料的运作所产生的全部影响。另一个则是司法裁量和司法选择的区域，在其中法律秩序必须被保持既稳定又运转，同时也必须要面对法官对其选择的责任的性质与限制。由于认识到后一个区域，一些美国的现实主义者在三四十年前开始挑战司法推理与所谓的司法决策的法律命题之间的决定性甚至是相关性；而另一些人——例如已故的杰罗姆·弗兰克（Jerome Frank），则通过精神分析和其他方法从事于对法官的再教育，以便使他们在行使这些选择时有足够强烈的自我意识。[1] 司法选择和司法责任的后面这些问题对于我们中的大多数人而言都是非常熟悉的。但是我必须停下来谈一谈在这里涉及我们的法律建议和对话的语义框架。

与多种元素叠加和交织在一起的是法律秩序的两个维度：语言的和论证的。每当我们想要在法律秩序之中进行操作时，我们就会面对这两个维度。一方面，语言是法律现象无所不在的外衣；另一方面，逻辑和其他推理形式则会影响语言的运作方式，这些运作是为了保持一个法律体系能够在面对如下

---

[1] 更为详尽的讨论，参见 Stone, *Social Dimensions*, Ch. 14, §§9-13. 有关争论的方面，参见 Stone, *Legal System*, Chs. 6-8, especially 8.

第三章　寻求正义中的人类与机器，或者为什么上诉法官仍然应当是人类

状况的时候保持某种可行性和适应性：当这一法律体系应用于其试图加以调整的社会现象之时，在这种应用中发生了持续不断地变化。

在这里，我们关注的是语言的作用。显然，更好地理解语言的运作对于澄清所有的法律问题而言都是必要的。因为这些法律问题几乎总是在某种程度上与一个主题（法律的陈述或关于法律的陈述）相关，这个主题为了能够在语言沟通中轻松传递而被封装和打包，然后又为了进一步的语言沟通而被拆封（就像它曾经被拆封的那样）。这里所隐含的是处理如下事项的需求：①作为语言符号[1]的词语和词语所指代之物［狭义上的"语义"（semantics）］之间的关系；②词语和其他词语之间的正式关系［"句法"（syntactics）］；以及③词语和那些使用或者接收或者理解词语的人之间的关系［"语用"（pragmatics）］。[2] 作

---

[1] See, e.g., Ernst Cassirer, *Language and Myth* (Susanne K. Langer 1946 年译), 37ff.; Joshua Whatmaugh, *Language, A Modern Synthesis* (1956), 68; A. H. Gardiner, *The Theory of Speech and Language* (1932, 2nd edition 1951), 13. 语义学研究被一些人视为符号学——有关所有种类符号的一般理论——的一部分。

[2] 在广义上 "语义学" 也被用来涵盖上述三种研究。Cf. generally David Rynin, introduction to his edition of A. B. Johnson, *A Treatise on Language* (1959); C. W. Morris, "Foundations of the Theory of Signs" (Vol. 1, No. 2), 1–ii, in Otto Neurath, Rudolf Carnap, and C. W. Morris, eds., *International Encyclopedia of Unified Science* (1938), 6ff. 莫里斯（Morris）的区分被 Rudolf Carnap, *Introduction to Semantics* (1942), 8–

为具有意义的内容的最小表达，[1]词语是经由语言符号的交流［或者"对话"（discourse）］的基本单元，但是对话通常需要一个句子，在句子中词语彼此之间的句法关系允许我们在每一个词语的多重含义之中进行选择，以便在某种程度上界定我们所交流的内容。

词语本身作为意义的基本单元，在语义层面上具有三重功能。第一，声音和标记的搭配构成了一种**符号**（symbol）。第二，这一象征代表了使用者心中的某种想法或者念头，即**指称**（reference）或者**能指**（significatum）。[2]第三，符号本身以及作为其指称或者所指的想法或念头必须（或者可以）[3]指代

（接上页）11 和 U. Scarpelli, *Il Problema della Definizione e il Concetto di Diritto* (1955), 39 所采纳。同时参见 A. W. Read, "An Account of the Word 'Semantics'" (1948), 4 Word 78-97, Stephen Ullmann, *The Principles of Semantics* (1951, 1957 年第 2 版), 1-42. 在这里没有必要去深究持续存在于语义学家之间的那些分歧点。

〔1〕 结构语言学的进路与此稍有不同，但在这里不会影响我们。See Z. S. Harris, *Methods in Structural Linguistics* (1951), 186ff. 如果交流的基本单位被认为是最大具有意义内容的最小表达，那么电子工程师的工作表明，（当然）仅就信息传输而言，非语言符号可能是一种更有效率的媒介。（在这个意义上），"信息理论"所关注的是最为经济的信息传输方法之研究，它反映了语言交流中的冗余程度。

〔2〕 正如 Ullmann, *Principles of Semantics*, 69 所指出的，其他术语中没有一个是令人非常满意的。

〔3〕 在此，我们显然不能进入由逻辑实证主义和相关论点所引发的激烈争论。

第三章 寻求正义中的人类与机器，或者为什么上诉法官仍然应当是人类

其他的一些实体，即**所指之物**（referent）或者**所指**（designatum）。[1]"猫"这样一个由特定的声音或者标记构成的词语是一个符号，该符号包含了作为指称的这个词语所表达的念头，同时也包含作为所指之物[2]的与这个念头相对应的动物。这是最为简单的例子。但是，即便当词语并没有在这种常规的意义上指代"事物"，它仍然是具有意义的，这可能是一种普遍的（尽管不是一致的）观点。例如，当词语在指代言说者自己的感受，比如牙疼或者困倦时，它就被认为是有意义的。用来分离或者结合的词语（诸如"或者"或"和"）看起来似乎相当缺乏所指之物，[3]但是它们被视为从其使用中直接获取含义。[4]它们是"逻辑"词语，旨在告诉我们比方说

---

[1] See generally C. K. Ogden and I. A. Richards, *The Meaning of Meaning* (1923), Ch. 1, 不过应当结合 Ullmann, *Principles of Semantics*, 65ff. 中引用的后期文献加以考虑。同时参见 Stone, *Legal System*, Ch. 7, Project-note G, especially n. 28.

[2] 这个分词的主动语态显然是不太恰当的，不过它已经将自己确立为"为所指之物赋予含义"。See Ullmann, *Principles of Semantics*, 69ff.

[3] 在此不必考虑诸如将"或者"这一单词视为一种犹豫不决的心理状态的漏洞填补尝试。

[4] 包含在 Gardiner, *Theory of Speech and Language*, 36 就"意义领域""所意味之物"所提出的更为广泛的学说之中，就此也可参见 Stone, *Legal System*, Ch. 1, §6.

相应的分离或者结合规则是否适用于它们所连接的词语。[1] 有一些词语，比如"正义"（justice），它们甚至不具有句法功能，也不通过其含义代表任何可理解的实体。这里的词语或者符号代表了一种抽象之物，如果它要有一个所指之物的话，那么这一所指之物只能够在指定了"所意味之物"（thing meant）——在中世纪称之为"意欲的意图"（*intentio intenta*）或者"思考的思想"（*pensée pensée*）——的传统用法中被找到。[2]

语义教学告诉我们词语有许多含义，只有在语境和句法的层面上才能够为含义划界，这远远超出了只有一部分词语是含糊不清的老生常谈。这意味着对于任何一个词语来说，通常都无法固定下来一个既确定又稳定的单一含义，多义（plurisignation）[3]［或者一词多义（polysemy）］是语言的一种普遍属性。毫无疑问，正如艾伦·亨德森·加汀纳（A. H. Gardiner）所论证的那样，在一个特定的语境之中会存在着一个

---

[1] 在技术意义上，它们被称为"黏着词"（syncategorematic），See Rynin, in Johnson, *Treatise on Language*, 19.

[2] See Gardiner, *Theory of Speech and Language*, §12; Rynin, in Johnson, *Treatise on Language*, 11. 事实上，在这种观点之下，即便我们通常将一个可感知的事物视为"所指之物"，考虑到言语的目的性，更为正确的是将"所意味之物"视为"所指之物"。

[3] P. E. Wheelright, *The Burning Fountain* (1954), 61 中的一个术语。

第三章　寻求正义中的人类与机器，或者为什么上诉法官仍然应当是人类

通常的含义，[1] 但是语境会随着时间而改变，也会随着时间所改变的所有东西而改变。[2]

这与到目前为止仍然被广泛接受的对于制定法——包括法典进行解释的原则有关，这一原则使得立法者的意志或者意图成为排他性的法律渊源，并伴随着如下的附文："如果法典的文本就其通常含义而言是清晰的，那么立法者的意志就会在词语的文义解释中被发现。"[3] 我在这里并不关心立法者的"意志"这一概念中的实际困难——比方说，众多的立法者对于共同的内容具有一个集体意志的假设的真实性；或者即便是那些投票支持某一法典的人也确实是对其内容表达了自身的意志，而不仅仅是对于其他人所起草的内容给予一揽子式的批准；[4] 又或者不管他们多么努力地加以尝试，他们都可以准确地列出在一个特定的时间点上针对所有事项的法律。我们也先搁置了如下的难题，即如果前述的原则得到认真对待，那么法院究竟是应当按照法律通过之时人们所理解的词语之通常含义来探寻立法

---

[1] *Id.*, 35.

[2] Cf. Whatmaugh, *Language, A Modern Synthesis*, 176.

[3] See Stone, *Legal System*, especially Ch. 6, §4.

[4] See, e.g., A. A. T. Hägerström, *Inquiries into the Nature of Law and Morals* (edited by K. Olivecrona and translated by C. D. Broad, 1953), 17-53.

意志，还是应当以解释问题产生之时（有可能是几个世纪之后）作为时间标准。在这里，我们仅仅关注语义学的面相。

那么首先，语义学的考虑意味着，不管立法者做什么，他都没有办法固定下来一个"通常的"含义以供后来所有的解释者们通过文义解释来发现。[1]立法者的法典中（与普通词语）具有共同用法的词语在第一次被使用的时候会受制于多义的原则，同时也会受制于随着时间的流动而发生的语义学变化——其中语言会作为一种卓越的社会现象而变动。毫无疑问，通过谨慎地使用词语，我们可以给含义的多义性施加一些限制，特别是那些技术性法律术语——它们往往具有不那么容易发生变化的传统含

---

[1] 虽然有一些平行的影响，但是这个困难和机器处理语义模糊术语的困难并不相关。对于后一个问题，电子方法的拥护者们提供了两个主要的回答。其中一个是呼吁法律人将他们的关注重点从"文件"的解释问题转移到把他们的自然语言调整至"消毒"形式，从而允许通过使用机器来提取答案。L. E. Allen, "Beyond Document Retrieval toward Information Retrieval" (1963), 47 *Minnesota Law Review* 713-767; Allen, "Automation: Substitute and Supplement in Legal Practice" in "Legal Research," 39-44; and Allen and Caldwell, "Modern Logic," 213-270. 同时参见 W. B. Kehl et al., "An Information Retrieval Language for Legal Studies" (1961), 4 *Communications Ass. for Computing Machinery* 380. 但是在可预见的未来，这样做的希望是微乎其微的，而且它能够涵盖的法律人关注范围也是有限的。参见 Allen and Caldwell, "Modern Logic," 270. 另一个进路是强调现代逻辑在用于语义模糊概念和类别时的适应性。关于此种情况，特别参见 Boolean algebra Dickerson, "Jurisprudential Implications," 53-70, 尤其是第 63 页。

第三章　寻求正义中的人类与机器，或者为什么上诉法官仍然应当是人类

义领域。但是，即便是在法律人的对话之中，一个词语也很少是单一含义且完全不可改变的。此外，没有哪部法律可以完全由技术性法律术语构成，并且根据（词语的）通常含义对文义解释加以规定的准则在任何情况下都不适用于这样的技术性术语。

这里更深层次的问题点是，有关立法者的"意志"或者"意图"的准则，与有关"通常"含义的附文，两者很难作为一个指令被一起应用。当存有疑问的时候，两者中的某一个通常会中途退出，这一语义学上的真相进一步强化了我们在后面需要提到的司法对于立法"意志"或者"意图"之援引的频繁虚假属性。[1] 事实上，我们需要在逻辑方面指出这一点。英国的做法是，排除对于法律（制定完成）之前的立法程序的应用。这种排除清楚地表明，司法对于立法者意志之"意图"的频繁援用，在必要之时不过也就相当于某种**能够被给予**立法者所使用的词语的"客观"含义。[2]

事实上，现在人们已经普遍认为，在作者的意志或者意图中探寻书面文本的含义是一种谬误（"意

---

[1] See Stone, *Legal System*, Ch. 1, §§6-7, Ch. 7, §17, and Project-note G.
[2] *Ibid.*

图主义谬误")。[1] 排除准备工作文件（*travaux préparatoires*）的英国式规则在语义学教义方面要比在法院自己对于立法者意图的口头支持方面更有意义。[2] 显然，研究这样的工作文件对于探寻他的"意志"或者"意图"而言是必要的。例如，历史学家或者社会学家必须去探寻制定的动机，但是律师和法官所关注的（英国式规则如此假定）并不是这些，而是被制定的词语的含义。

将作者意图替换为语言含义的错误在于忽视了如下的事实：一旦一份书面作品被创作出来之后，它就获得了一种意义，这种意义虽然依赖于人们的使用，但却独立于其创作者的动机，而解释恰恰就是对于这一意义的探寻。法学的考虑进一步强化了这些观点。法律规范是为社群所颁布的，通常而言我们无法期待社群成员能够知晓立法者的意图，除非法律中所使用的词语传达了这种意图。我们更有理由认为，对于可能适用这些法律的后续世代而言，他们只能够合理地被法律中的词语赋予**他们**的含义所约束。让这些人去遵循立法者的某些原始"意志"

---

[1] W. K. Wimsatt, Jr., and M. C. Beardsley, *The Verbal Icon* (1954).

[2] 或者是在 Stone, *Province*, 200 中提出的理论方面。我要特别感谢我的得力学生迪恩（W. K. Dean）（文学学士，法学学士）提出了这一更正。

第三章 寻求正义中的人类与机器,或者为什么上诉法官仍然应当是人类

或者"意图",即便有可能做到,也会是一种普遍存在且经常发生的不公平现象,这是在要求公民以语言本身可能没有传达的含义去理解它们。事实上,这样的考虑可能引出一种具有说服力的论点,这种论点认为即便去探寻作者的意图在这里是正确的,这位作者——作者-立法者——也必须理性地预期,他的语言应当根据社群在此刻对于该语言的理解而非他本人的某些原始理解来发挥约束作用。当这一点不会导向荒谬以及类似之物时,它肯定就是司法之所以强调词语**通常**含义的深层基础,并且它也支持此种通常含义应当在问题发生的那一代人的用法和社会情况中加以探寻。[1]

---

[1] 因此,飞机在1931年并没有被视为《机动车盗窃法》(Motor Vehicle Theft Act)中的"机动车"(Motor Vehicle),并不是因为立法者没有考虑到飞机,而是因为1931年的人们并没有以这种方式来理解和使用"机动车"。Cf. Holmes J. in *McBoye* v. *U. S.* (1931), 282 U. S. 25, 26. Alfred Korzybski 的 *Science and Sanity*(1933,1941年第2版)在他更为合理和新颖的提议中,建议在单词上附加一个日期索引,以便帮助我们了解这些变化。在近期的法律讨论中,试比较 E. B. Duffy, "Practicing Law and General Semantics" in "Language of Law: A Symposium" (1955), 9 *Western Reserve Law Review* 119; Walter Probert, "Law, Logic and Communication" in "Language of Law: A Symposium" (1955), 9 *Western Reserve Law Review* 129, 135ff. 普罗伯特(Probert)所举的例子中,"正当程序1900""正当程序1930""正当程序1958"的说服力要比"不可避免的事故1500""不可避免的事故1958"小。因为在任何情况下,"正当程序"作为一个标准,都存在着公认的不确定性。这两个都是法律技术而非通常运用层面的例子。根据先例理论,司法裁决将在后续的时间里具有约束力,但是这些裁决本身也将受制于后人的类似对待。See Stone,

在这种情况下，大量的对于立法者"意志"或者"意图"的援用必然会被视为是虚构的或者例行公事，这种援用掩盖了在解释一起困难案件之时必须会包含的、不可避免的创造性选择。明智的法典编纂者可能从一开始就会认识到，他的工作必须要由后代来完成。[1]并且，不管在这些后续的创造性任务中，语义变化的作用是否由此从一开始就被认识到，（至少）法律史证实了这是一个重要的事实。[2]罗马法对于现代欧洲社会的需求的适应，是由前赴后继的注释法学家、法律评注者、人文主义者和潘德克顿主义者所参与的，他们在阅读成文罗马法的积累之时必须带着假定，也必须带着他那个时代和社会的含义

（接上页）*Legal System*, Ch. 7, §§12-14, especially n. 237, and Ch. 8 passim. 同样理所当然的是，如果语义的变化如此之大，以至于在适用法规时会产生荒谬的结果或严重的不公，语义原则几乎不会禁止法院足够充分地偏离现有的通常含义（事实上法院确实这样做了）以达到一个妥当的结果。（例如）"无价"（invaluable）和"无价值"（valueless）可能会在日常使用中彼此交换含义，而一部使用了这两个单词的法规在此期间并未发生变化。在1640年，"无价"确实包含了"无价值"的含义。

〔1〕 关于波塔利斯（Portalis）和《法国民法典》，see, e. g., Stone, *Legal System*, Ch. 6, §3.

〔2〕 比较法国法院在《法国民法典》之下的**事实上的**创造性，以及潘德克顿主义者在适应罗马法时的创造性，参见 Stone, *Legal System*, Ch. 6, passim. 同时参见 Probert, "Law, Logic and Communication," 129, 136, 特别是第135页。他在其中尝试列举由于不了解词语的多义而导致的主要错误。

第三章 寻求正义中的人类与机器,或者为什么上诉法官仍然应当是人类

(指称和所指之物),但是他们不会带着任何古罗马立法者的含义去阅读这些罗马法。这正是弗朗索瓦·惹尼(François Gény)和狄骥所展现的法国法院对于《拿破仑法典》(即《法国民法典》)所做的事,尽管他们在理论上也强调立法者的意志。这些法学上的例子表明了含义的语义变化性原则的现实性和重要性,同时也证明由于语言是有目的的,因此人们在此刻的目的——它们使得信息的记录和传递变得必要——将会帮助去塑造语言变化的方向。[1] 相反,他们认为即便有可能将所采用的解释的责任固定在立法者的"意志"或者"意图"上,这种尝试也是一个无益的过程。因此,它的效果将会是抛弃那些将法律适应于变化的条件所必不可少的创造性任务。事实上,不管法院声称它们所遵循的是什么样的解释理论,它们都会或多或少地进行这些任务。

---

[1] 这一点在语义学方面符合卡西尔(Cassirer)、瓦特莫(Whatmaugh)和乌尔曼(Ullmann)的立场。同时这也使得诉诸以下问题——立法史、一般操作中的后续行政实践,或者是美国法院为了帮助解释而采纳的外部数据——的研究变得合情合理。See *Federal Power Commission v. Panhandle Eastern Pipe Line Company* (1949), 69 *Supreme Court Reporter* 1251. 同时参见 H. M. Hart and A. M. Sacks, *Legal Process* (1958), 1287-1406 中收集的材料。从这一观点出发,将立法的沉默解释为立法政策偏向于现状的一种迹象(或者不这么解释),是模棱两可的。在大多数情况下,从任何其他可用的观点出发可能都是如此。Cf. Wolfgang Friedmann, "Legal Philosophy and Judicial Lawmaking" (1961), 61 *Columbia Law Review* 820, 838.

本书作者已经在其他地方就三段论和其他推理形式的作用和限制方面解释了,为什么先例系统"能够在呈现出稳定性与延续性的外观同时,又允许持续不断的变化"。[1] 此种解释的一部分体现在各种虚假类别的司法商谈中的突出地位上,特别是那些模糊或者不确定的类别,以及相互竞争的类别集,它们经常是在判决理由(ratio decidendi)这一概念的内部加以运作。当我们将眼下的上诉判决视为探寻含义的商谈之时,此种解释得到了支持和充实。事实上,从这种语义学的视角出发,此刻就很明显的是,如果假定一个案件只能够有一个正确的判决理由,并且这一判决理由是可发现的,那么这就相当于假定一个司法商谈只能具有一个含义,并且我们可以一劳永逸地发现这一含义。[2]

由于一个判决就是一个商谈,因此对其含义的探寻必然会包含通常的语义学操作。所有类别的

---

[1] See Stone, *Legal System*, Ch. 6, §13, Ch. 7, §1.

[2] 因此,反过来说——也就是走向另一端,立法者从长远来看不能专横地对待人们赋予词语的联想。为了制止语义的恶化,曾经被称为"排水系统检查员"(sewerage inspectors)的官员首先被更名为"公共卫生检查员"(sanitary inspectors)。他们现在[see, e. g., U. K. Sanitary Inspectors (Change of Designation) Act, 1956]又被更名为"公共健康检查员"(public health inspectors)。也许换了个名字的玫瑰将暂时不再芳香(译者注:原文为 For a while perhaps the rose by another name will not smell so, 作者在此化用了莎士比亚《罗密欧与朱丽叶》中的名句"A rose by any other name would smell as sweet")。但这不会持续太久。

第三章 寻求正义中的人类与机器，或者为什么上诉法官仍然应当是人类

语言，例如科学语言还有诗歌语言，[1] 以及普通语言还有法律语言，都受制于语义学的原则。法律人确实会使用诸如"重罪"（felony）、"非限嗣继承地产权"（fee simple）、"混乱状态"（mayhem）等这些具有被严格限制的传统含义的技术性术语，但是普遍的事实及其即时重要性仍然存在。这是因为与普通语言相比，在司法商谈中使用这些具有严格技术用法的术语的概率是微乎其微的。所有服务于判决的事物，以及判决本身，主要都是由普通的白话语言所构成的。这不仅仅是因为非专家证人的证词和文件是服务于判决事务的一部分，更是因为即便判决所涉及的是最为技术性的问题，它的语言框架仍然是普通语言。

此外，在先例制度之下，一个当下判决在其含义上包含了针对通常数量庞大的先例案件的**当下目**

---

[1] See Isabel C. Hungerford, Poetic Discourse (1958), 13. T. C. Pollock, *The Nature of Literature*, *Its Relation to Science*, *Language and Human Experience* (1942), 56（以下引用为 *Nature of Literature*），其中提出了"文学"和其他作品之间的一些区别，也就是文学性和其他"用途"之间的区别，但是并没有真正说明"文学性"的检验标准是什么。如果这一检验标准是文学作者控制读者对其语言刺激反应的假想能力，那么它对于文学作者的**能力**和非文学作者的无能力而言都是可疑的。在语义学的意义上，寻求 *Donoghue v. Stevenson* (1932), Appeal Cases 562 一案意义的过程，和寻求一部小说、一首诗或者其他文学作品意义的过程没有什么区别。关于波洛克更为一般化和有效的观点，参见前书第137页。

的的含义，而每一个先例中的判决又是由同先前案件以类似方式联系在一起的商谈所构成的。简而言之，从语义学的角度来讲，当下判决是一种运用语言的符号化功能来理解和表征包含相关的先前判决在内的、在一个相当长的时间段内发生的一系列事件的尝试。将这一系列统一起来的东西依赖于（正如它先前所依赖的那样）法院对当下案件中问题的观点，以及对每一个先前案件含义的解释。此外，每一个判决本身都是由较小的象征性单元所组成的，而整个的复杂象征则指向了对于当下案件中事实与法律的竞争性主张的决定，从而去确定（当事人）是否以及如何承担特定的法律控制体。由此，语言的目的性，以及构成语言的象征复杂体，这两者深深地交织在其中。当下判决的判决理由（如果有这样一个判决理由的话）必须与所指之物有某种关联，它必须是对于在当下判决中被使用的整个象征复杂体的某种语义学反映。理由和这一所指之物都不是可以通过感觉加以感知的。我们也无法期待我们能够像借助一个诸如"正义"这样简单的单一象征所能做到的那样，通过诉诸传统的用法和语境化控制来寻找这一象征**复杂体**的任何一个**单一**所指之物。

此时的判决是商谈的一个复杂的目的性单元，

第三章　寻求正义中的人类与机器，或者为什么上诉法官仍然应当是人类

它象征性地理解了特定的事实情况，以及通过参考法官在当下案件语境中的——正如他所看到的那样——社会情感目的所选择的先前司法商谈。这一复杂情况的影响是最为引人关注的。如果这样一个商谈复杂体的任何**一个**含义对于所有阅读它的人而言都应当是**唯一**正确含义的话，那这显然会是一个语义学上的奇迹。事实上，在此种语义学的角度上，甚至很难看出对于当下案件的（**这一个**）判决理由的寻找意味着什么。期望能够找到一个这样的单一理由，相当于是在假定一个通常而言是庞大的商谈复杂体只能拥有**唯一的**含义。这是对于如下语义学见解的严重否定，这种见解认为，不管我们是否关注一个词语，或者一个判决，或者一整本书，多义的原则和语义学变化都会发生作用。

当然，所有这些并不是在说作为一个判决的商谈复杂体不具有含义，或者在含义上是随意变化的。对于唯一正确确定含义（因此也只有唯一可能的理由）这种幻想的拒绝，并不是要反过来接受对于含义（也包括理由）的选择总是不受束缚的这种相反的幻想。每一个词语的含义领域都在某种程度上在句子中依照句法被划界，并且还会进一步受到每个句子的语境化环境的限制，而整个的商谈复杂体则会受到一系列问题——其中的任何一个都有可能被法院

视为案件中的问题——以及这些问题所源起的社会情况的限制。这些关系为整个判决提供了目的和方向，也由此为其含义领域划定了一些边界，但是并没有为整个判决提供一个必然正确的确定含义。

当这一司法商谈的复杂体被后来的法院用作其当下决定的先例之时，后一个（案件所处的）社会情况中的不同问题可能会扩大前一个司法商谈的可能含义领域。在具有不同社会经验的多代人中，早先决定在面对其所谓的"单一理由"依据观察他人而被再解释时表现出来的持续开放性，对于慎思的法律人而言是司空见惯的。托马斯·克拉克·波洛克（T. C. Pollock）已经在与文学有关的方面指出，[1] 作者对语言刺激加以组织从而来控制读者的反应，他文中的词语保持了有条件的刺激，因此文学是"一系列能够在读者的脑海中唤起一种受控经验的符号话语"。[2] 但是他仍然意识到，这些刺激会在不同的读者中唤起不同的经验。就像对于文学一样，[3]

---

[1] Pollock, *Nature of Literature*, 137.

[2] *Id*, 96.

[3] 当然，我们在这里关注的只是规定性的判决理由。至于描述性的判决理由——对于被给出的判决在事实上为什么是如此被给出的解释或者原因，参见 Julius Stone, "Ratio of the Ratio Decidendi"（1959），22 *Modern Law Review* 597, 600-601, 以及 Stone, *Legal System*, Project-note F.

第三章 寻求正义中的人类与机器，或者为什么上诉法官仍然应当是人类

对于判决来说，没有哪一种单一的经验或者对于判决的理解必然是，甚至于通常会是可传播的。从规定的判决理由这一概念的本质而言，我们在其他地方已经表明，选择的可能性从一开始（ab initio）就围绕着针对某一个案件的判决理由，并且随着后续的判决聚集在它周围，这种可能性还会继续出现甚至增加。在自由空间之内的选择显然也会引入具有创造性的活动。[1] 即便是现在，也值得指出这一建立在逻辑基础之上的事实也具有一个并存的语义学基础。

最后，我们需要提醒自己，为判例法中的创造性选择源源不断地提供机会的多义性，不仅仅会影响先前案件的这一部分语言——后面的法院会从这部分语言中提取出规定的判决理由，同时也会影响先前判决的其他语言。其他语言看似到目前为止是了无生机的，但这只是一块有待耕耘的土地，在一位拥有足够经验和目的的耕耘者手中，这块土地仍然可以恢复生机。由于绝大多数被用作先例的判决在语言上都相当丰富，那种认为一个决定的过程总是会逐渐地限缩任何一个可分离命题的确切含义的

---

[1] See Stone, *Legal System*, Ch. 7, §§8ff., Chs. 6-8, passim, and *Social Dimensions*, Ch. 14.

想法变得更加具有误导性。由于词语的多义性（也包括了语义在时间上的变化），判例法可能会持续性地回归到每一个先例判决的**总体商谈的含义**，以及整个更为复杂的商谈单元中某些部分的含义，该商谈单元是由现任法官选择的一系列判决所组成的，这一系列判决在法官的看法中——也就是说，按照他的当下目的加以理解——是与当下问题相关的。

总而言之，一个判决是用语言表达出来的，不管寻求"一个案件的判决理由"的方法是什么，它都必须要考虑到作为**商谈**的判决之含义。由此，对于理由的搜寻变得受制于语义问题，而这使得只存在唯一可能的正确含义之假设变得很虚幻。因为这些问题使得商谈理所当然地会具有许多可能的含义，如果每一个判决的这许多可能的含义总是反映在唯一一个正确的判决理由之中，这会是一个最为令人吃惊的巧合。

当判决理由问题的这些语义面向与已经被提到的逻辑面向结合在一起之时，会对于此刻的法律人产生一种特殊的影响——此时在电子计算机的使用中正在进行作为法律记忆、分析与思考之辅助的实验。

如果有理由相信每个案件有但是只有一个理由，这个理由可以通过某种方式加以验证，从而让我们将其称为这个案件的**正确**理由，那么我们也许可以

第三章 寻求正义中的人类与机器，或者为什么上诉法官仍然应当是人类

早早地期望使用计算机从每一个重要的案件中一劳永逸地将**这一正确**理由抽取出来，机器已经完成了许多令人瞩目的语言翻译任务，也包括最为精细的逻辑和数学任务。但是，现有的关于上诉决策的逻辑学和语义学方面的研究都已经清晰地表明，为什么在这个雄心勃勃的阶段，这样的期望是非常不现实的。因为恰恰相反，这些研究提供了足够的理由让人们相信上诉法官通常并**不会**只有**一个**可验证的正确理由，并且即便是最为精巧的机器也无法发现不存在那里的东西。虽然机器毫无疑问地可以揭示出相互竞争的替代性理由的全部序列，但是我们应当看到，在任何一个案件中，这样的序列都过于宽泛了，以至于无法使前述的揭示发挥作用。我们已经在其他地方表明了在逻辑上会是如此，而这里的语义学面向也证明了这一结论。因为在这样一个案件的"理由"中，涉及整个司法商谈中某些部分或者其他部分的含义，它包含但是超越了当前判决中任何单个的词语或者句子，以及作为该判决基础的所有先例判决中的某些部分或者其他部分。毫无疑问，这一替代性理由的序列能够被机器揭示出来，但是这一序列通常会过于庞大，以至于无法**控制**裁判。人类法官的经验、意志和目的这些情感要素将他们的选择限缩到可行的范围。而机器无法配备这

些要素。

即便我们要接受理由是由与决定相关的"实质"或者"重要"事实所决定的这种观点,[1] 机器的作用仍然将是非常有限的。让我们也来假设以下这一点（显然这会是更加荒诞的冒险），即我们**可以**信任机器能够从词语和"实质"与"重要"这两个形容词的弦外之音中探测出所有的同义词，并且能够识别出在判决中被表征的所有事实。（即便这样）我们仍远未成功。因为即便是当先例中的法官既没有明确提及任何事实，也没有任何"实质"的同义词来形容这些事实的特征之时，前述的有关理由的观点仍然需要适用于阿瑟·雷曼·古德哈特（A. L. Goodhart）教授的观点，举例而言，"实质事实"仍然必须从整个司法商谈中加以获取。此时我们回到了主要的逻辑学和语义学困难。即便我们可以仅凭表象去相信这一识别"实质事实"过程的所谓"客观性"，情况仍然会是如此。但是我们已经表明，这种对于客观性的主张是不合理的，同时对于"实质性"的探寻在一定程度上是对先前决定之于当下目的的适应性的一种情感性判断。我们再一次回到了机器所面临限制的深层次原因，因为在机器扫描它所存储的材料

---

[1] Stone, *Legal System*, Ch. 7, § §12ff.

第三章　寻求正义中的人类与机器，或者为什么上诉法官仍然应当是人类

之前，它无法被配备以作出这样的一个**情感性**判断。

确实，与查尔斯·凯·奥格登（C. K. Ogden）和艾弗·阿姆斯特朗·理查兹（I. A. Richards）在1923年出版的《意义的意义》一书中的情况相比，现在情感性商谈与科学性商谈之间的对比在语义学思想中已经没有占据那么中心的位置了。[1] 但是语言具有情感功能这一事实仍然不能被忽视。[2] 语言有时被情感性地使用，而在一个案件中作为"实质"事实的某些事实的特征无疑在功能上经常会是"情感的"（emotive）或者"感情的"（affective）。在那些仍旧在搜寻理由的案件里，这一"情感的"或者"感情的"要素可以归因于相应法官的经验、目的和意志，但是可能无法相当于机器所能扫描的语言的任何客观特征。[3]

如果一台机器也**能够**扫描判决中那些情感或者感情要素，那么作为一个对于人类随着时间而不断变化的经验和信念负责的工具，这确实可能对于法

---

〔1〕 关于理查兹后期在 *The Philosophy of Rhetoric*（1936）一书中的立场，参见 W. K. Wimsatt, Jr., and Cleanth Brooks, *Literary Criticism: A Short History*（1957），641-644.

〔2〕 这仍然是 C. L. Stevenson, *Ethics and Language* 一书的一个主题，同时参见第77页以下有关过度使用"情绪化"（emotive）一词的告诫。

〔3〕 这也是一个和机器对于语义模糊术语的处理无关的问题，前文第120页脚注1中考虑了这一问题。

律的发展而言是灾难性的。因为,如果先例制度(遵循先例)继续运行下去,那么所有的后代人都会被他们多多少少已经很遥远的祖先们的经验和信念所控制。但是变动的经验和信念,更不用说变动的环境,这些是先例法/判例法的发展和稳定可行性的核心所在。将它们也带进对于约束理由的微积分计算的机器将会冲击到这一核心。我们应当通过审视近期行为主义者的研究工作以及用于法律任务的计算机的潜力来阐述司法商谈的语义学框架的一些实践影响,现在我们就转向这一方面。

这种将机器的潜力作为提取一个案件"判决理由"方式之一的观点,并没有否认机器所具有的其他更加温和但仍然很重要的潜力。[1] 但是,这些潜力主要体现在文件或者信息检索的层面上,其效用也主要是针对那些在符号化程度上足够精确,并且足够免于情感要素影响的数据。[2] 匹茨堡大学法律中心的一台实验机器通过磁带上的存储已经几乎能够在瞬间获取有关健康问题的美国法律,其中包括了宾夕法尼亚州的所有法律,以及其他10个州和美

---

〔1〕 关于机器就司法定量学开展工作的方法、潜力和危险,参见前文第103页脚注1。

〔2〕 不过,关于机器和新的数学技术处理语义模糊的能力,参见 Dickerson, "Jurisprudential Implications," 52-77, 特别是第62~65页。

第三章　寻求正义中的人类与机器，或者为什么上诉法官仍然应当是人类

国（联邦中央）的五分之一的法律。美国专利局通过计算机来执行其专业法律任务中的重要部分。涉及对判例法中的数据加以检索这一更为困难的任务的实验也正在进行中，例如在南方卫理公会大学的西南法律基地中。[1] 有关特定事项案件中的关键词——例如石油——的报告正在被分析、编码并存储在机器中，这些机器被编程以允许对所请求的数据组合进行检索。

从 1916 年到 1961 年的 235 卷美国判例摘要系统（American Digest System）* 包含 775 万个段落。同期

---

[1] Mr. R. A. Wilson, Director. See R. A. Wilson, "Computer Retrieval of Case Law" (1962) 16 *Southwestern Law Journal* 409–438. 匹兹堡大学法律中心的中心主任是霍蒂（Mr. J. F. Horty）。根据 C. R. Tapper, "Lawyers and Machines" (1963), 26 *Modern Law Review* 121, 131–136，总共有 28 项不同类别的项目正在和法律进行接触。其中关于宾夕法尼亚州的相关工作，参见前书第 133~136 页。同时参见由美国律师协会支持的期刊 *Modern Uses of Logic in Law*。此外，关于目前的各种活动，可以参见各期 *Jurimetrics*；由美国律师协会电子数据委员会编辑的各期"Legal Research"；L. E. Allen, R. B. S. Brooks, and Patricia A. James, *Automatic Retrieval of Legal Literature* (1962); E. A. Jones, *Law and Electronics* (1962，第一届箭头湖会议报告，第二届箭头会议报告即将发布)；由美国法学会和美国律师协会联合组织的法律继续教育委员会赞助，分别于 1961 年 5 月 23—25 日、1961 年 10 月 19—21 日和 1962 年 2 月 1—3 日举行的三次论坛的报告（针对特定的法律领域）。同时参见前文第 136 页脚注 1 和脚注 2，以及后文 139 页脚注 1 中引用的文献；此外还有 R. M. Mersky, "Application of Mechanical and Electronic Devices to Legal Literature" (1963), 11 *Library Trends* 296–305 一文中精彩而简明的调查。

* 译者注：美国判例摘要系统是由韦氏出版公司（West Publishing Company）所出版的判例摘要，其中摘编了自 1658 年至今美国上诉法院作出书面判决的所有标准判例，以及某些初审法院的精选判例。

美国的全国判例汇编（National Reporter）* 的卷数则有 10 409 卷。再加上 1916 年之前的 11 650 卷，自 1789 年以来的案件报告总卷数就达到了 22 059 卷。这一增速继续以远远超过年度比例（的速率）在增长。仅在 1958 年一年，美国的州法院和联邦法院就创作了不少于 108 000 页判决，其中包含了 7650 万个词。范德比尔特首席大法官计算过，在 1953 年有 2 100 000 个被报告的美国判例，与之相比较，在柯克（Coke）的年代是 5000 个英国判例，在曼斯菲尔德（Mansfield）和布莱克斯通（Blackstone）的年代则是 10 000 个。他估计 1952 年至 1953 年间通过的州和联邦法律的数量有 29 938 部，进一步增加了先前所积累下来的 931 卷的数量。在 1949 年的法典中可查阅的行政法规共计 41 卷 22 055 页。在 1954 年，已有的联邦公报（Federal Register）包含了 9910 页。当然这还需要加上来自诸如税务法庭、州际贸易委员会、劳资关系委员会和国内税务局等行政机构的判例报告

---

* 译者注：全国判例汇编系统同样是由韦氏出版公司所出版，其中包含了美国联邦和州的初审法院与上诉法院的判例。该系统共由 17 个单元组成，其中有 7 个联邦单元、3 个州单元和 7 个州区单元，可以和前述的美国判例摘要系统相互参照。另需说明的是，此处的原文为"The American State, Federal and National Reporter…"，如若按照字面直译为"美国的州、联邦和全国判例汇编"，容易使人误解为同时存在三个并行的判例汇编系统，因此在翻译时做了相应处理，仅译作单一的"全国判例汇编"。

第三章 寻求正义中的人类与机器，或者为什么上诉法官仍然应当是人类

的庞大数量。英国的情况虽然没有那么糟糕，但是也足以构成威胁。早在1916年，英国法律报告的数量就已经达到了6836卷。在1963年，有人指出仅仅在英格兰就有超过100种正在发行的法律报告和法律期刊，另外有总计将近2000种不同的系列报告，其中的任何一种——有些包含了超过100卷的数量——都有可能跟涉及法律的搜寻相关。[1]

在这些情况下，我们显然不应当低估机器处理

---

[1] 这些数字来自Vanderbilt, *Idea of a Ministry of Justice*; C. R. Tapper, "Lawyers and Machines," 129; J. R. Brown, "Electronic Brains and the Legal Mind: Computing the Data Computer's Collision with Law" (1961), 71 *Yale Law Journal* 239, 251 (以下引用为Electronic Brains)。尤其参见布朗法官在前书第250~254页有关其他现代复杂性的深度讨论，其中包括了对于证据可接受性规则的影响，以及对于迄今为止呈现为经验性和非系统性的普通法发展和法律检索的一般化影响。关于逻辑方面的文献，参见布朗前书第245页，以及在第241~242页和其他各处引用的弗里德（R. N. Freed）的众多论文。此外还可参见H. W. Jones, ed., *Law and Electronics* (1962); F. B. Wiener, "Decision Prediction by Computers: Nonsense Cubed – and Worse" (1962), 48 *American Bar Association Journal* 1023; Nicholas Johnson, "Jurimetrics and the Association of American Law Schools" (1962), 14 *Journal of Legal Education* 385–392; L. Mehl, *Automation in the Legal World* (1958). 就预测问题而言，我们倾向于同意梅尔铭（Samuel Mermin）的观点["Concerning the Ways of Courts: Reflections Induced by the Wisconsin 'Internal Improvement' and 'Public Purpose' Cases" (1963), *Wisconsin Law Review* 237]，即一旦智慧和价值判断进入其中——正如它们通常所做的那样，那么对于特定案件的上诉决定进行预测的科学（无论是否通过机器）仍然处于"前哥白尼"状态。参见Schubert, *Judicial Behavior*, 以及Schubert, ed., *Judicial Decision-Making* (1963). 同时比较Dickerson, "Jurisprudential Implications," 53–70. 这并不是说不应当寻求进展。参见Kort, "Predicting Supreme Court Decisions," 1–12, and "Simultaneous Equations," 143–163; Stuart Nagel,

简单的检索任务的重要性。但是,即便是在这些地方,我们也必须注意到其中的危险和障碍,在这里我们只能提到其中的一到两个。其中一个巨大的危险源自如下的事实,即司法商谈必须首先被稳定、净化和缩减,以便使其能够存储在机器中。只要法律人随后是依据机器所反馈的信息开展工作,而不是仅仅将机器的输出用作一个对于原始司法商谈的单纯指引,那么许多活动的、鲜活的、情感的以及文学的要素——法律的发展在一定程度上依赖于这些要素——就有可能被除去。由于机器检索相对于传统技术的极大优越性,这种危险被进一步加剧。因为从实验的过程中已经清楚地看出,被机器不由分说地推送到法律人面前的相关数据已经急剧增长到了如此的程度,以至于律师和法官受到更大的诱惑去基于那些为机器设定输入和程序的人而非先前法官们的理解来决定相关问题。一般而言,我们也许可以通过在输入和编程中使用更为严格的相关性

(接上页)"Weighting Variables in Judicial Prediction"(1960), *Modern Uses of Logic in Law* 93; R. C. Lawlor, "Information Technology and the Law" (1962), 3 *Advances in Computers* 299-352, and "What Computers Can Do: Analysis and Prediction of Judicial Decisions" (1963), 49 *American Bar Association Journal* 337. 那些乐观观点的一个基本弱点在于,它们对遵循先例中的疑难问题显然是一无所知。参见 Lawlor, "What Computers Can Do." 同时参见前文第 136 页脚注 1 和脚注 2。

第三章　寻求正义中的人类与机器，或者为什么上诉法官仍然应当是人类

标准来减少机器输出的巨大数量。但是这一点有可能带来别的危险，这会导致随意排除那些可能在以后的情况中变得深度相关的信息。在探寻既能够发挥作用又能够保持可行这两者之间的平衡点时，我们最终仍然需要依赖于未被机械化的人类思维的学习、洞察和洞见，而不是那些——正如我们所理解的那样——大多并没有意识到这一点的负责任的计算机拥护者。

III

尽管有些时候有点勉强，但是大家似乎都认识到最近行为科学家[1]对于法律和（特别是）司法决策的关注，他们以更好的工作计划和工具，延续着

---

[1] 在 C. H. Pritchett 的 *The Roosevelt Court*（1948）一书中经常可以看到政治科学中对于先例的关注，Schubert 的 *Judicial Behavior*, *Constitutional Politics*（1960）和 *Judicial Decision-Making*（一份材料的集合）中则涉及了其作为一场运动的形成过程。关于其他被承认的先例，参见 *Judicial Behavior* 的第 xiii~xiv 页。同时参见 D. J. Danelski, "The Influence of the Chief Justice…" in W. F. Murphy and C. H. Pritchett, eds., *Courts, Judges, and Politics*（1961）; J. B. Grossman, "Role-Playing and the Analysis of Judicial Behavior: The Case of Mr. Justice Frankfurter"（1962）, 11 *Journal of Public Law* 285-309; J. R. Schmidhauser, "Stare Decisis, Dissent, and the Background of Justices of the Supreme Court of the United States"（1962）, 14 *University of Toronto Law Journal* 194-212; Martin Shapiro, "Political Jurisprudence"（1964）, 52 *Kentucky Law Journal* 294-345.

"法律现实主义"在20世纪二三十年代挑战的主干线。正如法律现实主义者所做过的那样,他们寻求对于理解司法决定而言更为充分的基础,而不是法院声称其中所展现的明显的词语操作含义。[1] 因此,他们像法律现实主义者一样,首先忽略那些在意见中形成的法律命题。像法律现实主义者一样,他们坚持必须找到决策中的其他决定性要素,并且寻求根据一系列因素——这些因素使得人们能够更好地理解和预测——来解释过往的决定。

但是,当代的运动也非常不同。第一,它的核心驱动力是以可测量的形式识别出操作性要素,从而允许对司法行为进行定量分析。[2] 舒伯特在这里诉诸了"集团分析"(bloc-analysis)和"阶式"(scalogram)分析的现代方法。前者被设计用来检测合议庭成员之间决定的一致与冲突中的规律,后者则旨在测量法官在决定过程中对于特定政策问题的

---

[1] Cf. Schubert, *Judicial Behavior*, 377.

[2] 关于老式的新现实主义者在"直觉"预测上和行为主义者之间的竞争,参见 Fred Rodell, "For Every Justice, Judicial Deference Is a Sometime Thing"(1962), 50 *Georgetown Law Journal* 700, 707–708; Schubert, "Judicial Attitudes," 100, 特别是第102~108页;以及 Ulmer, "Quantitative Analysis," 164, 175–176(关于卢埃林和行为主义者的路径)。这场争论虽然在某些方面有些荒谬,但确实很好地指出了这两种进路的共同基础,以及行为主义者提出的通过能与他人沟通的预测技能量化方法加以实现的主张。

第三章　寻求正义中的人类与机器，或者为什么上诉法官仍然应当是人类

态度。[1]第二，理所当然的是，现在的运动拥有更为有效和精细的测量与计算技术和工具。第三，一个重要的区别是，他们的工作主要受到政治科学领域的激励。一方面，在他们身上法律人传统主义的缺乏鼓励了假设中的大胆，甚至可能减少倾向性和极端化的驱动。"局外人"可能会比"反叛者"更为放纵。另一方面，缺乏对于法律过程和传统的法学思想体系的深入了解，使得错误和天真的风险大为增加。第四，关于他们取得的成绩，行为主义者是在如下的基础之上加以宣称的，他们认为自己能够运用更为精确的方法来确切地预测个体法官在未来的决定，即便是在诸如正当程序和公民权利这些出了名的困难领域。如果他们是正确的，那么他们已经将法律现实主义者的愿景转化为行为主义者的表现。针对新近应用的多元变量因素分析技术——阶式分析与集团分析，以及具有或者不具有内置记忆或遗忘的建模与数字计算机，[2]我们在这里也没有必

---

[1] 一个初步的系统性说明，参见 Schubert, *Judicial Behavior*，第77~172 页（集团分析），第 173~267 页（博弈分析），第 269~376 页（阶式分析），第 377~385 页（各种方法的总体说明）。

[2] 关于一般性的方法论说明，也可参见 G. A. Schubert, "Study of Judicial Decision-Making as an Aspect of Political Behavior" (1958), 52 *American Political Science Review* 1007, 以及 "Judicial Attitudes," 100-142, 特别是第 108 页以下；Ulmer, "Quantitative Analysis," 64. 关于计

要就它们中的哪一种能够在事实上允许对于个体法官未来决定的可靠预测这一问题的确定性程度采取一个立场。就现有的目的而言，只要假定减少误差的幅度这一最为乐观的期望能够实现就已经足

（接上页）算机方法的一个简要而中立的说明，参见 Loevinger, "Jurimetrics: Methodology," 5，特别是第 30~35 页，其中将计算机方法与早期的法学方法联系在一起，并且经常表现出对于机器在司法裁判中局限性的应有谨慎态度。各种机器方法之间的主要区别在于以下两者之间：一方面是比较明显地根据主题的分析，另一方面是参照语言单元的分析。后者在更小的单元中工作，在范围和精细化方面有更大的潜力，但它也涉及更为详尽和复杂的系统化。关于语言基础之上的主要替代性方法，参见 Loevinger，特别是第 10~13 页 [匹兹堡的"联合中的关键词"（key words in combination）计划]，第 13~16 页 [西储的"语义编码摘要"（semantic coded abstract）方法]，第 19~22 页（对关键词进行概率性索引，以发现相关事项更为重要的潜在类别）。比较 W. B. Eldridge 和 Sally F. Dennis, "The Computer as a Tool for Legal Research," *Jurimetrics*, 第 71、78~99 页，该文涵盖了类似的领域。关于直接通过俄克拉何马州"法律要点"（points of law）方法中的主题所形成的方法，参见 Loevinger, 第 16~17 页，以及 Eldridge 和 Dennis, 第 89~90 页。有关索引和摘要问题的一般化讨论，参见 Loevinger, 第 27~30 页；有关大量搜索策略的使用需求，参见 Eldridge 和 Dennis, 第 94~99 页。同时参见 J. S. Melton 和 R. C. Sensing, "Searching Legal Literature Electronically"（1960）, 45 *Minnesota Law Review* 229-258 中试验性的计划报告。对于现有的——例如舒伯特使用的集团分析方法的批评，参见 J. D. Sprague, "Voting Patterns on the U. S. Supreme Court Cases in Federalism 1889-1959" [斯坦福大学学位论文，文中使用的数据来自由霍恩（R. A. Horn）博士收集的 2830 个案例，其中有来自 30 个法院的 831 个案例是"有分歧的"案例；斯普拉格（Sprague）的硕士学位论文，1964 年，密歇根州安娜堡，大学微缩胶卷]（以下引用为 Voting Patterns），第 2、3 章；第 190~194 页否认了最高法院从 1889 年至 1930 年的分歧判决体现了两极分化，同时也讨论了 1930 年之后数据的模糊性。此外参见后文第 145 页脚注 1。

第三章 寻求正义中的人类与机器，或者为什么上诉法官仍然应当是人类

够了。[1]

很明显，即便不考虑预测功能，新的技术和工具最终也必须通过许多方式来帮助法律人处理大量难以应付的法律权威材料。如果我们仅仅提及此类服务中的一些例子，这是因为我们试图做的并不是要盘点哪些是清楚的，而是要聚焦于一个具有充足背景的争议领域，从而允许展开有关它的跨学科交流。因此，阐明而非耗尽背景事项就已经足够了。

那么，首先有一个最为不容置疑的计算机自身服务已经很好地开始运行，这项服务是以各种替代性形式来存储过往和现在的巨量法律材料，从而允许在熟练的编程之下进行与特定业务相关的即时检索。即便不考虑即将到来的信息检索方面的进步，

---

[1] 关于最高法院的民权和经济政策案件中预测精准性的最近主张，参见 Schubert, "Judicial Attitudes," 100; Ulmer, "Quantitative Analysis," 164. 但是，斯普拉格在 Voting Patterns 一文的第 95~100 页发现，在 1889 年至 1930 年间的 831 个分歧判决中，即使涉及了 30 个法院中的一半，通过古德曼量表（Guttman scaling）的方式所进行的态度单向度（unidimensionality of attitudes）案例分类中，没有一个能够达到 0.90 的可重复水平。（斯普拉格认为）舒伯特更受人赞同的评估建立在三种方法论恶习的基础之上：①为了处理人事变动或者特定法官的不参与所采取的惯例的影响；②在一个法院的较短时间段内进行研究的趋势，在更短的时间段内变动显然也会更少；③预测的精确性为用于预测的方法提供了担保的"形式谬误"（non sequitur）。"基于相当错误的理论基础"，也可以"相当准确地预测太阳明天将会升起"。斯普拉格特别提请我们注意古德曼的如下认识，即较高的可重复性系数所显示的单向度可能是虚假的，其原因在于，例如预测所依据的案例可能都是非尺度（non-scale）类型的。

单纯地对于诸如案件的判决提要，或者判决的部分、摘要抑或整个判决，或者法律法规，或者法律文献等文件的检索，通常也可以节省不可估量的搜索时间。很少有法律人会否认其重要性，与此相联系，我们自己在这里可能也不会过分强调我们在第二节中提出的警告，这一警告涉及机器在存储和检索过程中可能失去司法商谈的情感性要素的重要性。因为这一点的核心危险主要体现在我们在此称为正义的判断之中，这是一个我们在任何案件中都需要单独处理的问题。其次，除了这些法律材料之外，机器还能够使法律人获得迄今为止他们完全无法接触到的非法律知识。与其他绝大多数国家相比，美国的法律实践所涉及的学科要广泛得多，诸如反垄断法、税法、公用事业法、劳动法、规划法和公法等，这就会涉及诸如经济、会计、统计、交通运输和通信、劳动关系、犯罪、心理等非法律的领域。在这里，机器的中央存储和检索技术不仅可以节省时间，还经常可以使法律人对这些知识的获取变得完全可能，或许也可以凭借其客观性来减轻一种慢性罪恶感，这种罪恶感源自对于具有偏袒性的专家人员的依赖。因为这些人员虽然很明显无法被完全替代，但是在某种程度上，机器的技术可以不加偏袒地对他们进行检测，从而减少那些不怎么负责任的、具

第三章 寻求正义中的人类与机器，或者为什么上诉法官仍然应当是人类

有偏袒性的领域。[1] 对所有种类数据加以检索的服务在它承诺给予所有层级的法律官员——从向客户提供咨询的律师到法院自己——的用处中看起来是完全达成了目标。对于所有这些人来说，被节省的时间和更高的搜索效率都具有高度的重要性。

虽然一提到对于决定本身的预测，很快引发了具有争议性的"火焰"，但是它有望缓解美国法律和司法中一些确定无疑的弊病，例如拥堵、积压和法院中的延误。在律师向客户提供建议的掌控之下，对于未来上诉判决的可靠预测[2]能够同时鼓励律师和客户在不强迫律师承担过多的个人责任的情况下解决很多诉讼请求，并且通常也可以大为提升法院与当事人的时间效率。这种在一定程度上可以准确预测关于所适用法律的上诉决定的技术，也可以说给下级法院带来了很大帮助，同时又避免了严重的抗衡风险。在这些层面上，有关法律是什么的决定很少会决定法律秩序的持续变动。至于特定当事人的司法公正，如果假定预测的误差幅度较小，那么

---

[1] 在这里，我们对 R. S. Brown, Jr., "Legal Research: The Resource Base and Traditional Approaches" in "Legal Research," 3, 5-6 中的一个观点作了进一步阐述。有关其他相关的但并不专门针对法律问题的计算机功能，参见 Loevinger, "Jurimetrics: Methodology," 30-31.

[2] 参见前文第 143~144 页脚注 2 和第 145 页脚注 1 中有关这一事项的告诫。

只会有一小部分的当事人受到不利影响。当然,这部分当事人仍然有权利提起上诉;并且在许多下级法院普遍存在的条件之下,由于对法律的糟糕猜测而受到不良影响的数量很有可能已经相当可观。在这一层面上,这些新的法律搜索技术也无需恶化法律人的形象。即便是在需要非专业人士接受这些技术之时,相比起普通的法律操作而言,这些技术看起来可能也不会更加神秘和难以理解。因此,新的预测技术在时间上更为经济,这些技术在下级法院层面可能提供的针对腐败和低效的核查,以及在该层面上使用这些技术的问题,至少必须保持开放的讨论。[1]

IV

在此种层面上,下级法院使用预测技术帮助自己形成有关上诉法院将会如何决定法律中某一问题点的观点——这种使用现在已经包含在下级法院的决定

---

〔1〕 也可比较正在讨论中的运用新技术以测试陪审团裁决——甚至是在刑事案件中——的可靠性。参见 Ulmer, "Quantitative Analysis," 第176~183页在这一领域做了有趣的初步分析。同时比较人们熟知的芝加哥陪审团研究, Zeisel, "Social Research on the Law," in Evan, ed., *Law and Sociology*, 124; Loevinger, "Jurimetrics: Methodology," 32–33. 同时参见 Rita M. James, "Status and Competence of Jurors" (1959), 64 *American Journal of Sociology* 563–570 (对于模拟审判的经验观察)。

第三章　寻求正义中的人类与机器，或者为什么上诉法官仍然应当是人类

之中——必须被视为占据了一个关键的临界位置。[1]本章的目的在于确定这一边界，描述这一边界所划分的思想领域之间的区别，并邀请法学者和行为主义科学家就此展开严肃认真的对话。这些不同的思想领域（我们相信），其中一方是关于一位观察者对于上诉法官会如何就其所面对的当下案件作出决定的预测，另一方则是关于上诉法官自己的裁判行为——正如他必须从裁判席上所作出的那样。

很明显，在绝大多数情况下，法学家、政治科学家，甚至是正在为客户提供建议或者准备庭审的律师，都会处于观察者的位置。对于出庭律师来说，通过这些预测技术，庭审法官以及可能会涉及其中的上诉法官的未来行为可以被适当验证。富有经验的出庭律师已经将此作为庭审准备的一部分，有时甚至已经到了这样的地步，他们会试图将庭审安排在预测结果更为有利的法官面前。此外，甚至于对案件作出决定的庭审法官自己，如果涉及其决定中的特定要素，也有可能处于观察者的位置。特别是，对于上诉法院针对适用于案件的规则持有何种立场存在

―――――――
〔1〕当存在这种疑问的情况下，在那些被确信（例如在威斯康星州）下级法院必须无视未来上诉判决的可能性而自己作出决定的地方，下级法院理所当然地必然会作出类似于后续段落中讨论的上诉"正义判决"的一个判决。

着疑问,(因此)庭审法官必然会牵涉到预测之中,这种预测并不是关于他自己当下的决定,而是关注上诉法院**将会**在此种类型的案件中**作出什么决定**。只有并且从根本上来说在这里,我们对于哪怕是下级法院法官使用新的并且足够可靠的预测技术的适当性(以及效率中的净收益)才会持有开放态度。

然而,基于同样的原因,当上诉法官面对就可适用的法律规则作出**他的**权威决定的义务之时——这通常是在构成司法终局的司法阶层中的某一点上,我们就**处于关键的边界线的另一边上**。这主要有三个原因:第一个原因是,此刻他将要作出的决定,根据假设,很有可能会超越迄今为止被最终确定下来的法律之界限,因此这一决定并不仅仅是在宣称现有的法律是什么,而是在决定正义要求法律应该是什么(为了避免争论的复杂化,在这里我们默认将撤销先前决定的案件——也就是未确定和重新确定法律的创造性决定的案件——包括在其中:因为这是一种更有理由的创造性)。我们在这里将这种创造性判决称之为一个"正义的判决",这是一个创造性的司法行为。第二个原因是,这种判决具有法律上的创造性,并且现在法学思想中的共同观点是,先进法律秩序的预期稳定和预期运动都取决于此种创造性司法行为的充分定期表现。第三个原因(我们假定这个原因

第三章　寻求正义中的人类与机器，或者为什么上诉法官仍然应当是人类

对于所有拒绝如下这种自然法主张的人而言都是有效的，这种主张认为一个无穷无尽的正义法律原则的储存总是准备好通过理性被发现）是，这些创造性行为包含了感知、认知和概念化功能之外的一些其他东西。不管我们是将这些额外的东西设想为意志行为，还是选择，抑或是偏好，它们都是一些法官必须被允许和鼓励凭借其职业操守所作出的行为，这种职业操守建立在经验、洞见和情感等基础之上，而这些要素又是法官直到将要作出前述行为的那一刻给予他的。

V

当我提及一个上诉法官必须作出一个正义判决之时，我当然是在说他将要在法律中实现的价值选择。虽然我在前述的第二节中冒昧地认为这一领域中主导性的行为主义者并没有真正关心正义的判决，但我当然不是在假定这些行为主义者在搜寻可靠的司法行为预测方法的过程中没有意识到自己的数据是由过往的正义判决所构成的。相反，司法活动的这一领域在很大程度上是激发和启示他们最大的一个领域。格伦登·舒伯特于1959年出版的《司法行为的定量分析》一书聚焦于美国最高法院的决定类别，在其中宪法性文件的不确定性和不断变化的社

会情况带来了源源不断的新问题，这些问题包含了价值选择以及经由法律的价值选择之实现。基于同样的原因，法官们在一些决定中存在裁决或理由层面的分歧，而且由于各种立场的优点在现有的法律命题方面存在问题，因此解释的尝试被迫超越这些命题，以探寻作为决定性变量的非法律因素。最重要的是，行为主义者已经开始着手在定量方面对这些非法律变量进行识别、划界和描述。他们的集团分析关注的是由法院成员之间的稳定或者变化的影响关系所构成的变量，而阶式分析关注的则是由每一个法官的价值态度所构成的变量。此时，对于每个法官的决定，在每个被识别出来的变量的存在程度（在定量的意义上）——通过此种意义上的多元变量分析方面，相应的解释正在被寻求。只要这能够表明在特定变量与特定种类的无法仅仅通过巧合得到解释的决定之间存在着一定程度的一致，这种一致就可以被期待会在未来的决定中重现。通过这种方式，可变要素的特定组合与特定种类的过往决定之间的一致被用作对未来决定进行预测的基础。反过来，这种预测的准确程度则被用作一种对于要素识别与预测量化的充分性的实验验证。

审判法官所持有的价值判断当然位于行为主义者所考虑的一系列要素之中，并且他们确实提供了

第三章　寻求正义中的人类与机器，或者为什么上诉法官仍然应当是人类

关于"记录了正义与社会效用的概念，以及各种自然与社会要素，它们通过各种政策制定者、政策适用者与政策承受者之间的互动而发生作用"的雄心勃勃的图式化。[1] 熟悉情况的律师将会钦佩于由此所提供的详尽清单中对于体系性和精确性的期望，即便当他怀疑其中并未包含多少（除了有关体系化与衡量的主张）还没有在最佳的法律思考中得到认可的有关司法决策的内容。[2] 他可能也会怀疑真正能够从研究这些截然不同的变量——其中一些变量在公式中被过于简化了——的尝试中所产生的预测能力。[3] 但是不管怎么样，看起来很明显的是，对于每一个法官在法官席上和法官席下所表现出来的

---

[1] See S. S. Nagel, "A Conceptual Scheme of the Judicial Process," in "Legal Research," 7-10（以下引用为 Conceptual Scheme）。

[2] 这并不是否认对进一步研究进行图示化的价值，而是要求社会科学家们更为清楚地意识到，所涉及的实质内容通常已经在法学文献中得到了很好的，而且往往是长期的讨论。参见，例如近期的 W. V. Schaeffer, *Precedent and Policy* (1956, Ernst Freund Lecture, University of Chicago), R. J. Traynor, "*La Rude Vita, La Dolce Giustizia*; or Hard Cases Can Make Good Law" (1962), 29 *University of Chicago Law Review* 223-236; R. A. Leflar, "Some Observations Concerning Judicial Opinions" (1961), 61 *Columbia Law Review* 810，上面这些都是由富有洞察力的法官在不借助行为主义的新事物的情况下，在社会学法学的传统之中撰写的作品。

[3] 如果（我们并不相信这一点）内格尔的方案是为了帮助坐在法官席上的人，那么去推测布莱克和法兰克福特大法官将如何（运用这一方案）去评估他们各自的反应对于另一个人的影响，将会是令人着迷的，因为这一反应应该会影响法官正在撰写的判决。如果去推测它们应该如何评估这一反应，那将更加令人着迷。

价值所进行的研究，正倾向于和正在运行的多元法官群体中的其他感知、人格、领导和角色变量，以及跟围绕着此的其他选定群体或者个人相关的研究一起，在对于未来决定的尝试性预测中占据更为核心的位置。在这里，人们同样在探寻这样的假说，这些假说能够通过对于每一个法官在案件领域中——这些案件在提出假说的过程中没有被使用过——投票的精确预测从而得到"定量"验证的假说。[1]

就现有的目的附带而言，我们可以提供一些特定的观察，这些观察涉及任何这样的设计——它们完全依赖于作为解释和预测之基础的可量化的非法律价值。第一个观察是，这种设计将不得不排除即便是在上诉法院这一层级仍有可能出现的此类案件，在这类案件中，法官的决策是由他对于法律在此刻对自己提出了什么要求的理解所决定的。在这一基础之上，他的投票可能会与他真诚持有的所有非法律价值相违背。[2] 第二个观察是，作为法律中的一种普遍现象，司法解决方案经常是由多种相互冲突的"价值"之间的妥协，而非某些价值对于另一些

---

[1] 例如，我们想到了丹尼尔斯基（D. J. Danelski）的一个有趣的项目。本书作者于1963年在行为科学高级研究中心得以浏览该项目。
[2] 通过将对于法律的尊重转化为对于"确定性"或其他类似价值的偏好，或许可以回避这一难题。但真的如此吗（Sed quaere）？

第三章 寻求正义中的人类与机器，或者为什么上诉法官仍然应当是人类

价值的完全压制所得出的。即便可以想象对每个价值变量进行客观的量化，但似乎很难设想一种客观的方法，对于在单个司法投票中起作用的价值复杂体中的挫败或者实现进行量化。第三个观察，同时可能是最为严重的，即便是对于单个价值的量化也会带来一些谜团，使得量化的客观性成为疑问。毕竟，其中一些价值的含义，尤其是"快乐""自由"以及"公共善"等，已经引起了哲学家们数千年的关注。第四个观察是，如果我们试图基于从法官的过往决定和陈述中表现出来的个人价值来推进研究，我们必须独立于社群中普遍存在的价值，以及以布兰代斯诉讼摘要（Brandeis brief）* 的形式表现出来的事实社会数据，对于法官身上所受到的影响保持时刻警惕，[1] 因为法官现在可能感知并接受这些价值和数据。现有的判决可能会受到这些时不时被感知或者被接受的社群价值和事实数据，以及从法官的过往决定和陈述中表现出来的法官所持价值的深

---

* 译者注：布兰代斯诉讼摘要是指路易斯·布兰代斯（Louis Brandeis，当时为律师，后成为美国最高法院大法官）在马勒诉俄勒冈州（Muller v. Oregon）一案中所提交的诉讼摘要，其中仅有 2 页篇幅涉及法律论证，剩余的 100 余页援引大量统计数据和医学报告，说明劳动时间过长对妇女健康所产生的危害。在美国法律史上，这是第一份援引社会科学数据的篇幅要超过援引先例篇幅的诉讼摘要。

[1] Nagel, "Conceptual Scheme," 7–10 似乎接受了对于这幅全景的需求。

刻影响。第五个观察，正如前文已经简要提及的那样，当行为主义者试图将足够广泛的要素纳入考虑之时，问题就转变成为，所有的这些要素能否被赋予一种容易通过真正客观的方法加以测量的形式。关于这一点的一些问题恰恰就是由政治科学家和经济学家自己提出的。[1]

但是，就现有的目的而言，行为主义者对于法官所持价值的关注的重要性在于，他们的关注点变得非常接近于出现在法官面前的决策问题。这似乎与我们在前文中所表达的观点不一致，我们在前面提到，他们的立场基本上等同于观察者的立场，这些观察者所感兴趣的是从判决中延伸出来的事物，

---

[1] 我们可以将斯普拉格在 Voting Patterns 一文中富有洞察力的评论作出如下的调整，"问题并不在于态度是否决定了司法行为，而在于司法行为是否被少数可发现的单向度态度所决定"，（我们要补充的是）可发现是指在判决的**当前时刻和背景**之前的过往中已经表现出来的行为中的可发现。参见，例如贝恩斯在"Law and Behavioral Science"第184~212页，特别是第187~195页的如下主张，他认为舒伯特在明确否认自己的工作证明了最高法院法官在进行权力的游戏，和含蓄地采用这种模型以作为分析和预测的基础这两者之间移转。比较斯宾格勒在"Machine-Made Justice"第36、41~43、50~52页的如下论点，他认为在计算机和相关技术的处理过程中，对数据的裁剪和选择存在着偏见。同时比较 F. M. Fisher, "Mathematical Analysis of Supreme Court Decisions: The Use and Abuse of Quantitative Methods" (1958), 52 *American Political Science Review* 321-338；以及科特（Fred Kort）对此的回应，"Reply to Fisher's Mathematical Analysis of Supreme Court Decisions" (1958), 52 *American Political Science Review* 339-348；P. C. Lawlor, "Information Technology and the Law" (1962), 3 *Advances in Computers* 328.

第三章　寻求正义中的人类与机器，或者为什么上诉法官仍然应当是人类

对于作出正义判决的痛苦的共鸣，或者此种痛苦的研究反馈，则并不感兴趣。

但这只是表面上的不一致。因为即便当行为主义者将法官所持有的价值作为分析因素，他们仍然只是观察者，观察着在判决中已经被作出的决定；而当他们将注意力转向预测未来的判决之时，他们并不是要去问，为了进一步的正义，法官应该做什么，而只是要去问，如果法官的行为方式与相应的价值保持一致——基于法官的过往决定，他被认为持有这些价值——他将会给出什么样的决定。

VI

就本章而言，核心的焦虑恰恰来自行为主义者此种关注的欺骗性表象，他们对于正义判决的关注事实上并不是一种行为主义者的关注。如果我们可以假设这种表象永远也不会造成误导，并且目标的多样性能够得到尊重，那我们可能既不需要感觉焦虑，也不需要就对话进行澄清。

但是，即便行为主义者在这一点上总是清楚的，我们也无法轻易假定他们的解释者和追随者能够看到并尊重这一基本的区别。只要这一区别没有得到尊重，我们都将面临如下的风险：用对于过往决定

中因素关联的单纯计算来代替应当在此刻的审判席上所进行的对于解决方案的搜寻,这种解决方案应当是**法官在此刻所能作出的最为公正的解决方案**。我们已经发现了一位顶级的日本法学者,他在热情地展示了阶式分析方法在日本公民自由案件中的预测能力之后,极为兴奋地给出了如下结论:"如果我们继续向前推进这种调查方式,那么这样的一天也许将会到来……在那个时候,我们这些法律人也应当使用电子机器来预测司法行为,**法院也会使用电子机器来作出它们的决定——一种新版本的老虎机(slot machine)理论,或者字面意义上的'机械法学'(mechanical jurisprudence)并不必然是不可想象的**。"[1] 如下的事实对于这位学识渊博的学者来说似乎并不重要:即便他如此的乐观,但是仍然存在着10%的被承认的舒伯特式误差幅度。[2]

---

[1] 引文中的加粗为作者引用时所加。Takeo Hayakawa, "Legal Science and Judicial Behavior—With Particular Reference to Civil Liberties in the Japanese Supreme Court" (1962), 2 *Kobe University Law Review*; *International Edition* 1, 22-23. 关于机器发展的一个预测(并非从宣传的方面),参见 Becker, "On Science, Political Science, and Law," 11 at 13-14. 此种发展不仅可以检索作为先例的法律数据,还可以检索有关当前公众价值立场的数据,以及其他事实性社会数据(例如布兰代斯诉讼摘要)。此外,还可以根据指定的价值对这些变量进行编程处理,并据此产生一个"明智"的决定。

[2] Baade, foreword, *Jurimetrics*, 3-4. 比较 Berns, "Law and Behavioral Science," 第185~212页中更为一般化的攻击。

第三章 寻求正义中的人类与机器，或者为什么上诉法官仍然应当是人类

然而，就像我们再一次冒昧强调的那样，我们关注在日本最高法院中——正如在美国最高法院中——上诉法官在当下所作出的正义判决这一领域，在该领域中，法律人和行为主义者都应当意识到，审判席（上的法官）为了积极的指引而依赖于新的预测技术，这将会严重威胁到法官对于正义本身的核心关注。因为如果法官所预测的结果确实在当下的决定中为他提供了积极的指引，而不是单纯地警告他摆脱在早先的决定中表现出来的反复无常或者偶然偏见模式，那么每一个法官都会倾向于根据他所预测的结果去更为稳定地投票。得益于如下的倾向——人们总是会追寻那些已经被开拓过因而不那么痛苦的路径，考虑到被预测的模式，先前的偏差实例边缘相应地也会倾向于消失。我们也无法因为法官不太可能求助于律师来预测他自己的行为就完全无视这样的危险。因为在任何案件中，对于未来决定的预测似乎都会不可避免地面临某种反馈和海森堡不确定效应。

由此所导致的第一个不良影响将会是削弱对过往裁决的审查的严肃性，因为其与司法中的摇摆不定、事后的想法、对于新的影响和社会环境的认识以及引发分歧的激烈冲突相关。因此我在这里呼吁法学者和行为主义者能够共同意识到法律变革的历史重要性，

这种变革源自判决中的偏差、犹疑，甚至是优柔寡断，而它又导致了对于新的想法或者新感知到的社会情况的敏感——事实上经常是对于哈姆雷特式的自我反省和摇摆不定的敏感。因为这里存在着一些被我们称为"正义"的社会善的主要发展路径。

第二个不良影响——其位于前一个不良影响身后，但也有可能独立于它——体现在，一位正在寻求公正解决方案的法官可能会使用一些基于过往的常规化手段来预测他将会（或者应当）发现什么是公正的，而不是**在此刻来尽其所能地决定对于未来而言什么是公正的**。这一点是如此地重要，以至于我在表述它的时候必须避免模棱两可或者遮遮掩掩——而这并非一件易事。

在法学界长期以来司空见惯的是，即便是最为精心设计的规则体系也常常无法给出清晰的答案，或者会给出无法接受的答案，因为随着这些规则的应用会产生新的情况。社会学法学的先驱者们已经表明，在司法过程中，这些缺乏清晰答案的领域包含了需要司法的正义判决的领域。这一领域中的结果并不仅仅依赖于对现有规则体系的理性操作，尽管这些操作（不管是经验的还是数学逻辑的）理所当然会涉及其中，并且需要被很好地完成。这些结果同样依赖于情感性反应、评估以及偏好。它们是心灵和思想的产物，是

第三章　寻求正义中的人类与机器，或者为什么上诉法官仍然应当是人类

未经分析甚至是未经理性化的现有生活经验的产物，同时也是经过分析和理性化的人类过往活动——从历史到神话——的叙述的产物。毫无疑问，在适当的时候，现有的公正行为将会被还原为知识化的形式，它们能够独立于非智力要素加以处理。但是对于**现有的裁判行为**，或者（我们更应该说）**仍然需要在此时此刻被作出的**裁判而言，则并非如此。

这是在一开始。但是我自己在 20 年前的研究[1]表明，正是先例原则中长期以来被棘手的分析逻辑性问题所笼罩的这些方面，为公正的考虑能够常规性地进入到判决的场景之中提供了空间和准备。在这里我们无法提前理性地设计和控制决策趋势，也恰恰是在这里，经常会出现这样的判决，这些判决给法律秩序提供了相应的转变和指引，从而使其成为一条通向正义的道路——正如人们习惯于理解的那样。同样是在这里，当我们回顾过往的指引和转变之时，相应的结果可以在经验数据和逻辑关系方面被理性化；而从这些结果出发，借助或者不借助机器的帮助，我们有可能去"解释"过往的决定，甚至于预测未来的决定。但是这仅限于某个特定的

---

[1] Stone, *Province*, Ch. Vii, 在 *Legal System*, Chs. 6-8 和 *Social Dimensions*, Ch. 14 中得到了进一步发展。

点和某些特定的假设，至于这个点会在哪里，这些假设又能在多长时间里维持有效，仍然受制于未来包含在正义判决之中的、在理性层面难以解决的此类事件。在回顾过往决定方面已然"充分"的事实，**对于在审判席上仍然有待被完成的事务**而言可能依旧不是一个重要的部分。

在先例发展的这些难以从理性意义上加以解决的问题点之上，产生了很多极为重要的过程，而在这些过程中随处可见的，则是根据当代的社会情况、理念和理想，对于具有支配作用的法律规则进行的修改、补充甚至是废止。这是因为先例原则——正如许多法律人和社会科学家仍然存有误解的那样——并不允许这些过程的运作，它们的发生是一个持续不断的创伤来源。同样不足为奇的是，这些过程的代理人应当是坐在上诉法官席位上的**那个人**，他具有自己所属的那个共同体中人们的情绪、困惑、洞见和偏好——正如他通常会从同一时期自己的生活经历中获取的那样。当我们问他是如何能够扮演这一角色的时候，他的回答当然不会是作出那些同基于**过往**表现的预测相一致的判决，而是决意去选择一个**此刻**在他的眼里是公正的决定。这至少部分地解释了为什么他扮演了一个针对现有法律规则的特洛伊木马式的角色，但他是在持续运行的法律秩

第三章　寻求正义中的人类与机器，或者为什么上诉法官仍然应当是人类

序，以及该秩序应当实现的正义的名义之下来这么做的。这也是为什么这个角色如此难以通过令人信服的理智方式加以表达的原因。不管我们是看向卡多佐式的感人散文、诗意洞见和悖论，还是看向拉德布鲁赫式或者庞德式的二律背反，抑或是看向波洛克式的谨慎-勇敢游戏或者卢埃林式的对于特殊决定的交替赞美和贬低——否则这些决定几乎无法被区别，所有这些被尝试过的表达方式——在涉及理智的范围内——都是矛盾或者不确定的。[1] 在寻求为正义之事的过程中，人们似乎总是在超越单纯理智的驱动、方法和界限。因此，只要我们将**这种特定的探寻**交付给机器，哪怕是无意之举，由于某些东西是无法被理性化的，机器在面对它们之时无能为力，我们就不得不面临相应的探寻被削弱到此种程度的风险。

正是在这一点上，我们首先必须聆听机器的"我们不能"（*non possumus*）*。正如我们所看到的那

---

[1] See Stone, *Legal System*, Ch. 8.

* 译者注：non possumus 为拉丁语，字面含义为"我们不能"。它源自雅比提纳的殉道士（Martyrs of Abitina）的历史事件。雅比提纳是罗马帝国的一座城市，城里的49名基督徒因违反当时罗马皇帝有关基督教的禁令而被处决。这一短语事实上并不是在表达无能为力，恰恰相反，它是在表达一种遵从信仰的绝对道德决心。其完整表述是"*sine dominico non possumus*"，意为"我们不能在没有星期天的情况下生存下去"。

样，传统主义者对于机器技术其他多种用途的反对，可能会由于机器在未来更为完整的潜力而受到误导。例如，迄今为止机器凭借自身的效率检索了如此多相关的权威材料，而我们则由于需要进一步的人工选择和评估，从而损失了通过初始检索所节省下来的时间，这也许可以通过更具有选择性的编程和请求加以控制。如果我们认为对于先例的随意忽视是法律人的传统人工技术的优势之一，我们也许可以将健忘和疏忽建构进机器的程序之中。不管怎么样，即将呈现在我们面前的是，我们可以制造出这样的机器，它们不仅能够对已存储的数据进行检索，还能够记忆自己存储和检索的数据并从中学习，从而使得它们的输出更具有选择性和有限性。[1]

但是，当面对为正义之事的任务之时，这种潜

---

〔1〕但是，对于更有选择性地进行编程——即创造性地"遗忘和忽略"的尝试中所涉难题的悲观性态度，参见 T. A. Cowan, "Decision Theory in Law, Science and Technology" (1963), 17 *Rutgers Law Review* 449-530. 目前，美国律师基金会和 IBM 公司有一个关于自动组织和检索法律文献的联合项目，该项目旨在将一定程度的学习置入机器操作之中。它由机器根据词语在上下文中出现的频率——这反映了同法律话语和法律话语中特定主题的相关程度——在不同层次上在词语之间进行逐步辨别。这一项目以 5800 个案例为基础，这些案件的报告都已经被转换到磁带上。参见 Eldridge 和 Dennis, "The Computer as a Tool of Legal Research," 第 78、95~99 页中的说明。此外，关于西储项目，参见 Jessica S. Melton, "The 'Semantic Coded Abstract' Approach" (1962), *Modern Uses of Logic in Law* 48.

第三章 寻求正义中的人类与机器，或者为什么上诉法官仍然应当是人类

力无法超越计算机技术的"我们不能"。一位最为坚定地支持法律人使用计算机技术的人士观察道："计算机有一个无法避免的理论层面上的限制；每一个术语和操作都必须精确，没有任何东西可以被推定、假设、暗示或者建立在直觉的基础之上。"[1] 更为重要的是，这意味着机器无法像人类能够做到以及法官被要求去尝试做到的那样，**凭借自己的意志去做正义之事**。要满足这一目的，将遗忘或者疏忽的能力——人类法官总是会出现这些情况——建构进机器之中是不够的。因为这种能力，就像逻辑和对于逻辑的忽视，并不是为正义之事这一任务的实质所在；当它与这一任务相关之时，也不过是一个外在的迹象，表明寻求正义的活动可能是在意志和选择的支配范围之内向前推进。并且最终所达成的正义的质量也不取决于任何偶然的遗忘或者疏忽，而是取决于坐在审判席上的人所行使的意志和作出的选择。

另一种表述的方式是，那些可能进入到为正义之事的上诉之中的遗忘和疏忽并不是随机的，而是代表了一种从人类运用心灵和头脑所进行的奋斗中

---

[1] Loevinger, "Jurimetrics: Methodology," 5, at 31. Cf. P. J. Stone, R. F. Bales, J. Z. Namenwirth, and D. M. Ogilvie, "The General Inquirer: A Computer System for Content Analysis and Retrieval Based on the Sentence as a Unit of Information" (1962), 7 *Behavioral Science* 484.

产生出来的选择。此外,这样的一种选择是无法与过往的平均表现挂钩的,同样也无法从中推断出来。[1] 这一选择需要由个体在他的独特性之中、在(对他而言)判决的每一刻的独特性之中,"全心全意、全力以赴"地去作出。毫无疑问,这仍然在正义判决的中心点上遗留了一些谜团,同时(这是同一回事)也使得它经常被遮蔽在存有问题的甚至是误导性的智能化伪装之中。[2] 如果我们将注意力集中在这些伪装的表象的社会功能上,我们就需要问一问汉斯·巴德(Hans Baade)[3],当一方面考虑到

---

[1] 舒伯特在 *Judicial Behavior* 一书的第 320 页确实赞许式地观察到,科特的 Predicting Supreme Court Decisions,第 1~12 页只是为了"构建一个模型,使用该模型来衡量法院在经验层面对于它原本应当在遵循先例原则下采取的行为方式的偏离程度"。科特本人当然很清楚,以这种方式寻求的一致性——例如在每个案件中哪些事实是"重要的"——是以价值判断作为前提的)。See Stone, *Legal System*, Ch. 7, § § 12ff. 所以劳勒(R. C. Lawlor)的工作——可能是最接近于对严格意义上的预测的专注——试图通过提出一个"新的先例理论",使得运用计算机为即便身处于包含了"新的行为子集"(new sub-sets of acts)的案件之中的个体法官开发"个人表达"变得可能。参见他的"What Computers Can Do"; "Foundations of Logical Legal Decision Making"(1963), *Modern Uses of Logic in Law* 98,以及一篇未刊稿"Analysis and Prediction ... by ... Computers"(感谢作为一名执业律师的劳勒先生慷慨提供的资料)。

[2] 有关行为主义方法声称已经证明了其预测能力的重要告诫,参见 Sprague, "Voting Patterns,"以及前文第 143~144 页脚注 2 的第三段和第 145 页脚注 1。

[3] Baade, foreword, *Jurimetrics*, 3. 同时参见 Becker, "On Science, Political Science, and Law," 12-13,以及布莱克(C. L. Black)的学位论文 *The People and the Court*(1960). 关于现有的其他批评,也可

第三章 寻求正义中的人类与机器，或者为什么上诉法官仍然应当是人类

广泛存在于立法机关之中的僵局、笨拙和惰性，另一方面又考虑到大众对于司法造法的敌意之时，法律秩序是否能够从所有这些伴随着它的智能化陷阱之中脱身。但是在这里我们坚持认为，问题的核心并不在于这些陷阱，而在于随后将会发生的事情。[1]

如果草率地过于乐观，就像某些人倾向于设想上诉法官会通过咨询一台电子机器来作出他的决定那样的话，事实上就相当于免除了法官在判决的每一刻都应当追寻正义的责任。此时，正义将不再是一个人为创造的价值，同样也不会成为一个上帝创造的价值——除非机器能够变成上帝并对他的教义进行数学化。如果同时拒绝这两个选项，那么关于正义就没剩下什么可说的了。

VII

在一开始，我展示了一些由语义学变化和语言的情感性功能对于机器的数据检索和司法决定预测所

（接上页）参见 Wallace Mendelson, "Neo-Behavioral Approach to the Judicial Process: A Critique" (1963), 57 *American Political Science Review* 593-603；以及 Shapiro, "Political Jurisprudence."

[1] 关于从上诉法官的角度来看，机器对于上诉法官的司法判决所提供的指引的局限性，比较 P. J. Traynor, "No Magic Words Could Do It Justice" (1961), 49 *California Law Review* 625-626.

设定的限制。尽管存在着这些限制，我还是努力去关注机器对于法律和法律人所能提供的许多潜在服务。其中包括了在面对堆积如山的先例之时能够节省时间的文档和信息检索方法，以及得以获取可能与特定法律问题相关的大量法外数据。此外还包括了对于未来上诉裁决的预测——**只要这些预测能够安全地服务于为客户提供咨询建议的从业者**，缓解法律和诉讼业务所面临的严重拥堵。因为我们已经看到，只要达到一个高度的可靠性，尽职尽责的律师将会妥善地承担更多责任，以便确保庭外案件的解决。可能留待争论的是（尽管我们认为不那么清晰），**即便是对于下级法院的法官来说，当决定取决于一个仍然有待在上诉法院层级加以澄清的可疑的法律知识点**，对于此类预测的获取可能展示了一种收益与风险之间的平衡。

在使用机器和行为主义者预测这一点上，我们指出了面向法律秩序的服务和对于法律秩序的颠覆这两者之间的重要界限。我们在这里所关注的可能颠覆源自如下的责任，这一责任依赖于上诉法官时不时地对我们称之为正义判决的**法律运动方向**加以固定或者改变。因为我曾经说过，只要一位上诉法官面临此种责任，并且需要在这一意义上为正义之事，那么凭借**自己在当下的经验和洞见**来解决这一

第三章　寻求正义中的人类与机器，或者为什么上诉法官仍然应当是人类

问题就是他的责任所在。如果这位法官依赖于对当下决定的积极指引——这种指引又依赖于以他自己的过往行为为基础对未来决定所进行的预测——使这一责任缩水的话，这将会是一种正义的溃败；如果前述预测的基础是法官群体的过往行为的平均值，那情况会更为糟糕。

VIII

杰罗姆·弗兰克要求司法能够完整地意识到所有进入判决之中的因素，并将其完整地表达出来，如果我们试图将这些因素建构进制度安排之中，那么这一要求将会极大地增加法官所面临的内部和外部压力。[1] 日复一日、年复一年地如此运作，除了那些最有能力的法官之外，其他人将会面临高涨的压力、迟延、决定时的犹豫，甚至于崩溃。招募有能力者将会变得越来越困难。因此司法机构将会同时在现职人员及其继任者这两方面遭受威胁。

行为主义者的进路如果没有理解本章中所讨论的限制和危险，同样也会对司法机构造成威胁——

---

[1] 在这一点上的一个发展，参见 Stone, *Social Dimensions*, Ch. 14, §§12-13.

只不过是从另一个极端。这一进路将会凭借其得以成功的手段，使得上诉法官难以敏锐地意识到自己在为法律发展设定新的或者变革性方向时的自我选择和责任。它将会倾向于通过一种明显的非个人化模式——这一模式是关于上诉法官，或者包含该法官在内的法官群体的过往行为趋势——来湮没和抛弃意志行为，而这些行为在这一层级上是与正义相关的。只要基于前述基础的预测以所预测的结果为指向来影响**这位法官**，我们就将得到对于过往决定的反馈，这一反馈会将**过往的真实行为**转化为虚假的**现实正义**。受到如此影响的法官将会成为一个自我挫败的法官，难以敏锐地意识到在人类迄今为止对于正义的追求中被发现的最终人类责任。

杰罗姆·弗兰克的理想式正义法官图景要求法官能够真切地、持续地意识到个人选择，毫无疑问的是，相比起处在此种要求之下的法官而言，那些得到前述支持的上诉法官更不容易衰弱和动摇。因为在某种程度上他们将改头换面成为储存在计算机之中的无牵无挂的数字组合，等待偶尔的适时检索。幸运的是，在上述任意一种设计成熟之前，我们仍然有时间来重新审视，在立法、文书和决定"爆炸"的当代条件之下，我们究竟需要什么东西来保证司法制度的可行性，同时在现行法律秩序的上诉心脏

第三章 寻求正义中的人类与机器，或者为什么上诉法官仍然应当是人类

地带保留**人类**正义的跳动。

我们相信，首先，如果现代的复杂秩序及其制度的可行性要避免崩溃，那么法学的传统主义需要比以往对新技术表现出更多的尊敬。但是基于同样的原因，我们认为新技术的支持者和专家们也必须正视他们所能够作出的贡献存在的局限。在他们这一方，这意味着需要谨慎对待那些激动人心的虚假希望。例如，我们需要承认，只要一个思想体系还将继续使用语言，并且缺乏遏制社会生活以及其中新兴问题的变化背景的能力，那么它就无法逃脱语义学变化和不确定性的过程。同样地，与法学传统并肩而行的共同学术进路也需要为在上诉法官席位上挣扎的正义乱象做出积极贡献，[1] 而不仅仅是在一边加以报道。当计算机已经准备好通过但又超越法律来处理那些为了正义而不断更新的奋斗结果之时，不管是法律人还是行为科学家都没有权利让审判席无人照看。在机器的新时代，我们所有人都必

---

[1] 对于现有法学知识的忽视，往往会导致重新发明车轮的冒险。例如，我们发现政治科学家在 1964 年提出了积极/克制这两端，作为对司法决定进行行为分析的"主导变量"。See H. J. Spaeth, "Judicial Power as a Variable Motivating Supreme Court Behavior" (1962), 6 *Midwest Journal of Political Science* 54–82，以及可以比较稍早前关于这一主题的大量**法学**变体，Sir Frederick Pollock, "Judicial Caution and Valour" (1929), 45 *Law Quarterly Review* 293.

须一起承认控制论之父在这一警句中所呈现出来的简洁但又深刻的智慧,他说道:"让人类的归人类,并只让机器的归机器。"

索 引

(页码为本书边码)

A

Advanced Legal Studies, Institute of, in London, 伦敦高级法律研究所, 23

American Bar Foundation, 美国律师基金会, 23

American Digest System, 美国判例摘要系统, 68

American Revolution, 美国革命, 16

Anthropology, 人类学, 46; insights of Maine accepted in, 梅因在人类学中接受的见解, 4; knowledge of useful to jurist, 对于法学家有用的人类学知识, 6; role theory in, 人类学中的角色理论, 29

Anti-formalism: movement in law and social sciences, 反形式主义：法律和社会科学中的运动, 14-17; and questions of judgment and justice, 以及判决和司法的反形式主义问题, 18-19

Austin, John, 约翰·奥斯丁, 26

B

Baade, Hans, 汉斯·巴德, 82

Bar Association of the City of New York, 纽约市律师协会, 23

173

Beard, Charles: influence of on merging of social sciences, 查尔斯·比尔德：对社会科学融合的影响，15

Beccaria, Marchese di (Cesare Bonesana), 贝卡利亚侯爵（切萨雷·博内萨纳），9

Becker, T. L., 西奥多·刘易斯·贝克尔，52

Behavioralists: criticism of, 行为主义者的批评，52, 55-56; prediction of decision-making chief concern of, 行为主义者对于决策主要关切的预测，54-55, 69-70, 70-71, 74-75; comparison of with legal realists: 行为主义者与法律现实主义者的比较，69-71; inspiration of by political science, 政治科学对行为主义者的启发，70, as recorders and observers of judicial decisions, 作为司法决定记录者和观察者的行为主义者，74-75, 77, 78; problems in approach of, 行为主义者方法中的问题，77, 84-85; need of to see deviation as way of legal change, 将偏差视为法律变革方式的行为主义者需求，79。同时参见计算机一词下的索引

Beiträge zur Theorie der Rechtsquellen (Ehrlich), 《法律渊源理论文集》（埃利希），13

Bentham, Jeremy, 杰里米·边沁，9

Berns, Walter, 沃尔特·贝恩斯，52

Black, Max, 马克斯·布莱克，40

Blackstone, Sir William, 威廉·布莱克斯通爵士，68

Brandeis, Louis, 路易斯·布兰代斯，78

Butler, Samuel: as critic of social evolutionism, 塞缪尔·巴特勒：作为社会演化主义的反对者，11

C

California, University of, at Berkeley, 加州大学伯克利分校，23

Cambridge, Eng., 英国剑桥，23

Cardozo, Benjamin, 本杰明·卡多佐, 81

Civil Liberties Research Bureau, at Harvard, 哈佛大学的公民自由研究所, 23

Code Napoléon, 《拿破仑法典》, 61

Coke, Sir Edward, 爱德华·柯克爵士, 68

Columbia University, 哥伦比亚大学, 23

Common-law countries: Pound's call for Ministries of Justice in, 庞德对于普通法国家建立司法部的呼吁, 21; modern legal needs of, 普通法国家的现代法律需求, 23-24; objectives of sociological jurisprudence in, 普通法国家中社会学法学的目标, 25; role theory basic in, 普通法国家中角色理论基础, 41

Computers, use of in administration of justice: questions about, 有关司法行政中使用计算机的问题, 51; limitations of, 计算机的限制, 51, 52, 65-66, 66-67, 80-81, 82, 84-85; difficulty of standardizing data for, 对计算机所用数据进行标准化的困难, 52, 69; potential merit of, 计算机的潜在优点, 53, 67-68, 71-73, 81-82, 83; document and information retrieval by, 通过计算机的文件和信息检索, 67-68, 69, 71-72, 83; dangers of, 计算机的危险, 69, 78-79, 83。同时参见行为主义者（Behavioralists）、决策（Decision-making）和司法（Justice）等词下的索引

Comte, Auguste, 奥古斯特·孔德, 9-10

Confucius, 孔子, 9

Cowan, T. A., 托马斯·考恩, 54

Criminal Science, Institute of, at Cambridge, Eng, 英国剑桥刑事科学研究所, 23

D

Darwin, Charles, 查尔斯·达尔文, 8: and theory of evolution,

175

查尔斯·达尔文和演化论, 10-11, 16

Decision-making, judicial, 司法决策, 20, 79-81; interpretation of legislation in, 决策中立法的解释, 53, 57-61; as chief concern of behavioralists, 作为行为主义者首要关切的决策, 54-55, 69-70, 70-71, 74-75; semantic operations in, 决策中的语义学操作, 57-58, 59, 61, 62-63; problems of value-judgments in, 决策中的价值判断问题, 57, 75-76, 77; drawbacks of prediction of by computers, 电脑对决策进行预测的弱点, 65-67, 73, 74, 76-77, 78-79, 83, 84-85; 电脑对决策进行预测的价值, 72, 83; ultimately a human function, 最终作为人类功能的决策, 82-83, 84-85。同时参见行为主义者（Behavioralists）、计算机（Computers）和司法（Justice）等词下的索引

Demography: knowledge of useful to jurists: 对于法学家有用的人口统计学知识, 6

Dewey, John: and social evolutionism, 约翰·杜威和社会演化主义, 11; influence on merging of social sciences, 约翰·杜威对社会科学融合的影响, 15

Document retrieval, 文件检索, 参见计算机（Computers）词下的索引

Duguit, Léon, 莱昂·狄骥, 13, 61: functionalism of, 莱昂·狄骥的功能主义, 12

Durkheim, Emile, 爱米尔·涂尔干, 13, 35: inquired into relation of law and social order, 爱米尔·涂尔干对法律和社会秩序关系的调查, 12

E

Economics, 经济学, 4, 18, 20, 46: knowledge of useful to jurists, 对于法学家有用的经济学知识, 6, 22, 71; influence of on legal thought, 经济学对

法律思想的影响，12-13，15；role theory in，经济学中的角色理论，41；in Parsons' classification，帕森斯分类中的经济学，47；use of computers in，经济学中的计算机使用，71，77

Education：adjustment of to automation，适应自动化的教育调整，17，28；needs of in law，法律中的教育需求，47-48；of judges for decision-making，针对决策的法官教育，57

Ehrlich, Eugen，欧根·埃利希，3，13

Engels, Friedrich，弗里德里希·恩格斯，12，16

England，英格兰，26，69

Erewhon（Butler），《埃瑞璜》（巴特勒），11

L'Esprit des Lois（Montesquieu），《论法的精神》（孟德斯鸠），9

Evolution, theories of：in social field，社会领域的演化论，8；Spencer's，斯宾塞的演化论，10，11，16；Darwin's，达尔文的演化论，10-11，16，39；influence of on law，演化论对法律的影响，11

F

Feedback：effect of on judicial decision-making，反馈对于司法决策的影响，55，78-79

France：interpretation of legislation in，法国的立法解释，61

Frank, Jerome，杰罗姆·弗兰克，57；concept of ideal judge，杰罗姆·弗兰克的理想法官概念，84，85

French Revolution，法国大革命，16

Freud, Sigmund，西格蒙德·弗洛伊德，12，35

Fundamentalists：early critics of social evolutionism，原教旨主义者对社会演化主义的早期批评，11

G

Galbraith, J. K.，约翰·肯尼斯·加尔布雷斯，18

Gardiner, A. H., 艾伦·亨德森·加汀纳, 58

Gény, François, 弗朗索瓦·惹尼, 61

Geography: knowledge of useful to jurists, 对于法学家有用的地理学知识, 6

Gierke, Otto von, 奥托·冯·基尔克, 11, 12

Glueck, Eleanor, 埃莉诺·格吕克, 43

Glueck, Sheldon, 谢尔顿·格吕克, 43

Goodhart, A. L., 阿瑟·雷曼·古德哈特, 66

Great Britain: agencies for legal research in, 大不列颠的法律研究机构, 23; number of legal cases in, 大不列颠的法律案件数量, 68-69。同时参见英国（United Kingdom）一词下的索引

Grundlegung der Soziologie des Rechts (Ehrlich), 《法社会学基本原理》（埃利希）, 13

H

Harvard University, 哈佛大学, 23

Hauriou, Maurice, 莫里斯·奥里乌, 13

Heisenberg effect, 海森堡不确定效应。同时参见反馈（Feedback）一词的索引

Historical school of jurisprudence, 历史法学派, 4, 8-9

History: influence of theories of on merging of social sciences, 历史学理论对社会科学融合的影响, 15-16; study of compared with law, 与法律相比较的历史学研究, 60

Holmes, Oliver Wendell, Jr., 小奥利弗·温德尔·霍姆斯, 21; influence on merging of social sciences, 霍姆斯对社会科学融合的影响

Hurst, Willard, 威拉德·赫斯特, 9, 28

I

Information retrieval, 信息检索, 参见计算机（Computers）一

索 引

词下的索引

Internal Revenue, Bureau of, 国内税务局, 68

Interstate Commerce Commission, 州际贸易委员会, 68

J

James, William, 威廉·詹姆士, 11

Japan, 日本, 42; prediction of legal decision-making in, 对日本司法决策的预测, 78

Jhering, Rudolf von, 鲁道夫·冯·耶林, 13, 14

Joshua, 约书亚, 8

Judicial Administration, Institute of, at New York University, 纽约大学司法行政研究所, 23

Jurisprudence, sociological, 社会学法学。同时参见社会学法学（Sociological jurisprudence）一词下的索引

Justice: early concepts of, 早期的司法概念, 4-5; theories of, 司法理论, 5, 6, 9, 18-19, 21, 75-76, 83; role of judge in administration of, 法官在司法行政中的角色, 7, 53, 57, 75-76, 78-79, 82-85; approaches to study of, 司法研究的进路, 18, 54, 55, 79; law centers for study of, 司法研究法律中心, 23; problem of delays in, 司法中的延迟问题, 28; use of computers in administration of, 司法行政中的计算机使用, 51, 52, 71, 78-79, 82; as an abstraction, 作为抽象之物的正义, 58, 63; quality of depends on humans, 取决于人的司法质量, 82-83, 84-85。同时参见行为主义者（Behavioralists）、计算机（Computers）和决策（Decision-making）等词下的索引

K

Kampf um die Rechtswissenschaft, Der (Kantorowicz)《为法学而斗争》（康特罗维茨）, 13

Kantorowicz, Hermann, 赫尔曼·康特罗维茨, 3, 13

L

Labor Relations Board, 劳资关系

委员会, 68

Law, sociology of, 法社会学, 参见社会学法学 (Sociological jurisprudence) 一词下的索引

Law and Society Center, at Berkeley, 加州大学伯克利分校的法律和社会中心, 23

Law center: role of, 法律中心的角色, 22-23, 68

Law Center of University of Pittsburgh, 匹兹堡大学法律中心, 68

Legal realists: traceable to Holmes, 可追溯到霍姆斯的法律现实主义者, 15; compared with behavioralists, 与行为主义者相比的法律现实主义者, 69-71

Legal research: in social sciences, 社会科学中的法律研究, 6, 22, 71-72; institutions for, 法律研究机构, 21-22, 23, 68; problems of, 法律研究的问题, 24; use of computers for, 针对法律研究的计算机使用, 67-68, 69, 71-72, 83。同时参见行为主义者 (Behavioralists)、计算机 (Computers) 等词下的索引

Legislation: institutions for research on, 立法研究机构, 21-22; role of language in interpretation of, 立法解释中语言的角色, 57-59, 60-61; literal interpretation of, 立法的文义解释, 58-59; British interpretation of, 立法的英国解释, 60; French interpretation of, 立法的法国解释, 61

Lettres Persanes (Montesquieu)《波斯人信札》(孟德斯鸠), 9

Llewellyn, Karl, 卡尔·卢埃林, 6, 81

London, 伦敦, 23

M

Maine, Sir Henry, 亨利·梅因爵士, 14: founder of English historical school, 英国历史法学派的创始人, 4, 8

Malinowski, Bronislaw Kaspe: on law in primitive societies, 布罗尼斯拉夫·卡斯珀·马林诺

夫斯基对原始社会中法律的研究，33

Mansfield, Earl of (William Murray) 曼斯菲尔德伯爵（威廉·穆雷），68

Marx, Karl, 卡尔·马克思，12，16

Marxism: legal theories of, 马克思主义法律理论，7，13；interpretation of history of, 马克思主义历史解释，15，16，17

Meaning of Meaning, *The* (Ogden and Richards), 《意义的意义》（奥格登和理查兹），67

Ministries of Justice: movement to establish, 建立司法部的运动，21

Montesquieu (Charles de Secondat): impact on later thinkers, 孟德斯鸠（夏尔·德·塞孔达）对后期思想家的影响，9

Moses, 摩西，8

Murray, William (Earl of Mansfield), 威廉·穆雷（曼斯菲尔德伯爵），68

Myrdal, Gunnar, 贡纳尔·缪达尔，18

N

Nadel, S. F.: role theory in work of, 齐格弗里德·弗雷德里克·纳达尔工作中的角色理论，29-30

Natural law, 自然法，74；challenged by Montesquieu, 被孟德斯鸠挑战的自然法，9；reacted to by Savigny, 萨维尼对自然法的反应，14

Neo-Realist sociological jurisprudence, 新现实主义社会学法学，6

New York City, 纽约市，23

New York University, 纽约大学，23

O

Ogden, C. K., 查尔斯·凯·奥格登，67

Ombudsman (parliamentary commissioner), 监察专员（议会专员），22

Origin of Species, *The* (Darwin), 《物种起源》（达尔文），10，11

Original sin, doctrine of, 原罪学

说，19

P

Pandectists, 潘德克顿主义者, 14, 26, 61

Pareto, Vilfredo, 维弗雷多·帕累托, 12, 35

Parsons, Talcott, 塔尔科特·帕森斯, 19, 20, 27, 44; role theory in work of, 帕森斯工作中的角色理论, 29, 31, 34-35, 35-37, 39-40, 41-43; criticism of, 帕森斯的批评, 36, 37, 41, 43-44, 45-46; on family relations, 帕森斯论家庭关系, 41-43, 43-44; classification of social sciences, 帕森斯的社会科学分类, 47

Pennsylvania, 宾夕法尼亚州, 68

Pennsylvania, University of, 宾夕法尼亚大学, 19

Philosophy, discipline of, 哲学学科, 15, 16, 22

Pittsburgh, University of, 匹兹堡大学, 68

Plato, 柏拉图, 9

Political science: knowledge of useful to jurists, 对于法学家有用的政治学知识, 6, 22; in Parsons' classification, 帕森斯分类中的政治学, 47; effect of techniques of on law, 政治学技术对法律的影响, 50, 70, 73; use of computers in, 政治学中的计算机使用, 77

Pollock, Sir Frederick, 弗雷德里克·波洛克爵士, 81

Pollock, T.C., 托马斯·克拉克·波洛克, 64

Positivism, 实证主义, 9, 10

Pound, Roscoe, 罗斯科·庞德, 3, 6, 14, 81: on sociological jurisprudence, 罗斯科·庞德论社会学法学, 13, 25; idea of Ministries of Justice, 罗斯科·庞德的司法部理念, 21; advocates legal research in social sciences, 罗斯科·庞德对社会科学中法律研究的倡导, 22; concept of "social engineer", 罗斯科·庞德的"社会工程师"概念, 27

Pragmatics: study of clarifies legal

problems，研究澄清法律问题的语用学，57

Project for More Effective Justice, at Columbia，哥伦比亚大学的"为了更有效的司法"计划，23

Province and Function of Law, The（Stone），《法律的领域与功能》（斯通），25

Psychology，心理学，10，46：knowledge of useful to jurists，对于法学家有用的心理学知识，6，71-72；influence of theories of，心理学理论的影响，11-12

Q

Quantitative Analysis of Judicial Behavior（Schubert），《司法行为的定量分析》（舒伯特），75

R

Radbruch, Gustav，古斯塔夫·拉德布鲁赫，81

Rationalists, French，法国理性主义者，16

Realists, legal，法律现实主义者，15，69-71

Rechtswissenschaft und Soziologie（Kantorowicz）《法律科学与社会学》（康特罗维茨），13

Renner, Karl，卡尔·伦纳，12

Research, legal，参见法律研究（Legal research）一词下的索引

Richards, I. A.，艾弗·阿姆斯特朗·理查兹，67

Role theory：in work of Nadel，纳达尔工作中的角色理论，29-30；in work of Parsons，帕森斯工作中的角色理论，29，31，34-35，35-37，39-40，41-43；explanation of，角色功能的解释，29-31，32-35，41；modern sociological theory focused on，聚焦于角色理论的现代社会学理论，31，32；applicable in law，适用于法律中的角色理论，37-38，41

Ross, E. A.，爱德华·罗斯，13

S

Saleilles, Raymond，雷蒙德·萨莱耶，13：on historical school，萨莱耶论历史法学派，8-9

Savigny, Friedrich Karl von, 弗里德里希·卡尔·冯·萨维尼, 14; founder of German historical school, 德国历史法学派的创始人, 4, 8

Schubert, Glendon, 格伦登·舒伯特, 53, 78; on self-limitations of behavioralists, 舒伯特论行为主义者的自我限制, 54; methods of analysis of, 舒伯特的分析方法, 70, 75

Sciences, physical: influence on Comte, 物理科学对孔德的影响, 9-10; contrasted with social sciences, 物理科学与社会科学的差别, 14, 30; provided Newtonian model, 提供了牛顿模型的物理科学, 16

Sciences, social, 社会科学。同时参见个别条目

"Scope and Purpose of Sociological Jurisprudence, The" (Pound), 《社会学法学的范围与目的》（庞德）, 13

Semantics, 语义学, 67; clarifies legal problems, 语义学对法律问题的澄清, 57-58, 65; limits legislators, 语义学对立法者的限制, 59, 60-61, 62; affects appellate decision-making, 语义学对上诉决策的影响, 63, 64; shows drawbacks of computers when used in decision-making, 经由语义学显示的计算机运用在决策中的缺陷, 66

Smith, Adam, 亚当·斯密, 41

Social Control (Ross), 《社会控制》（罗斯）, 13

Social Darwinism, 社会达尔文主义, 39

Social evolutionism, 社会演化主义, 8, 10-12, 16, 39

Social System, The (Parsons), 《社会系统》（帕森斯）, 19, 31

"Social Values and Public Policy," program at University of Pennsylvania, 宾夕法尼亚大学的"社会价值与公共政策"研究计划, 19

Sociological jurisprudence: beginnings of, 社会学法学的开端, 3, 4, 8-14, 26; concepts of

索 引

justice in，社会学法学中的正义概念，5-6，18；confusion within，社会学法学中的困惑，6；*ad hoc* approach of，社会学法学中的临时方法，25，26，27，28；practical objectives of，社会学法学的实践目标，25-26，45，47-48

Sociology，社会学，9：knowledge of useful to jurists，对于法学家有用的社会学知识，6-7；beginnings of，社会学的开端，9，10；role theory in，社会学中的角色理论，29，31，32；in Parsons' classification，帕森斯分类中的社会学，47；compared with law，与法律相比的社会学，60。同时参见角色理论（Role theory）和社会学法学（Sociological jurisprudence）等词下的索引

Sociology of law，法社会学。同时参见社会学法学（Sociological jurisprudence）一词下的索引

Southern Methodist University，南方卫理公会大学，68

Soziologie und Jurisprudenz（Ehrlich）《社会学与法学》（埃利希），13

Spencer, Herbert，赫伯特·斯宾塞，10，16

Spengler, J. J.，约瑟夫·J. 斯宾格勒，52

stare decisis (precedent system)，遵循先例（先例制度），67

Statistics, social：knowledge of useful to jurists，对于法学家有用的社会统计学知识，6

Stover, Carl F.，卡尔·F. 斯托夫，52

Structure of Social Action (Parsons)，《社会行动的结构》（帕森斯），19

Sumner, W. G.，威廉·格雷厄姆·萨姆纳，11

Supreme Court of Japan，日本最高法院，78

Supreme Court of the United States，美国联邦最高法院，54，78：decision-making of，美国联邦最高法院的决策，75

185

Syntactics: study of clarifies legal problems, 澄清法律问题的句法研究, 57

Système de Philosophie Positive ou Traité de Sociologie (Comte), 《实证政治体系或论创建人性宗教的社会学》(孔德), 9

T

Tarde, Gabriel, 加布里埃尔·塔尔德, 11, 12

Tax Court, 税务法庭, 68

U

Ulmer, S. S., S. 西德尼·乌尔默, 55

United Kingdom, 英国, 25: legal agencies in, 英国的法律机构, 22; legal research in, 英国的法律研究, 23; interpretation of legislation in, 英国的立法解释, 60; number of legal cases in, 英国的法律案件数量, 68-69

United States: legal agencies in, 美国的法律机构, 21-22; statutes in, 美国的制定法, 21, 68; legal research in, 美国的法律研究, 22-23, 71-72; beginnings of sociological jurisprudence in, 美国的社会学法学开端, 26; number of legal cases in, 美国的法律案件数量, 68

United States Patent Office: use of computers in, 美国专利局的计算机使用, 68

Utilitarianism: of Jhering, 耶林的功利主义, 14; influence on role theory, 功利主义对角色理论的影响, 41

V

Vanderbilt, Arthur T., 阿瑟·T. 范德比尔特, 68: advocates legal research in social sciences, 范德比尔特对社会科学中法律研究的倡导, 22, 23

Veblen, Thorstein: influence on merging of social sciences, 托斯丹·范伯伦对社会科学融合的影响, 15

Volksgeist, 民族精神, 8

W

Ward, Lester, 莱斯特·沃德, 11, 12

Weber, Max, 马克斯·韦伯, 12, 35

White, Morton, 莫顿·怀特, 15: on anti-formalists, 莫顿·怀特论反形式主义, 14, 15-16; quoted, 援引莫顿·怀特的话, 19

Williams, R. M., 罗宾·M. 威廉姆斯, 45

Wisconsin, 威斯康星州, 9

World War I, 第一次世界大战, 26

Y

Yntema, Hessel: calls for institutes of legal research, 赫塞尔·英特玛对法律研究机构的呼吁, 22

声　　明　　1. 版权所有，侵权必究。
　　　　　　 2. 如有缺页、倒装问题，由出版社负责退换。

图书在版编目（CIP）数据

20世纪后半叶的法律与社会科学/（英）朱利叶斯·斯通著；赵一单译.—北京：中国政法大学出版社，2024.1
　书名原文：Law and the Social Sciences:The Second Half Century
　ISBN 978-7-5764-1322-9

Ⅰ.①2… Ⅱ.①朱… ②赵… Ⅲ.①司法制度－研究－英国　Ⅳ.①D956.16

中国国家版本馆CIP数据核字(2024)第029701号

出 版 者	中国政法大学出版社
地　　址	北京市海淀区西土城路25号
邮寄地址	北京100088 信箱8034分箱　邮编100088
网　　址	http://www.cuplpress.com (网络实名：中国政法大学出版社)
电　　话	010-58908289(编辑部) 58908334(邮购部)
承　　印	固安华明印业有限公司
开　　本	850mm×1168mm　1/32
印　　张	6.125
字　　数	105千字
版　　次	2024年1月第1版
印　　次	2024年1月第1次印刷
定　　价	35.00元